2020 年度国家社会科学基金重大项目

"内蒙古和林格尔土城子遗址及周边墓葬考古资料整理与研究"

系列成果之一

项目号 20&ZD254

盛乐遗珍
内蒙古和林格尔土城子古城遗址
出土文物精品

内蒙古自治区文物考古研究院
内蒙古师范大学
内蒙古博物院 ——— 编
盛乐博物馆
和林格尔县文物保护管理所

文物出版社

图书在版编目（CIP）数据

盛乐遗珍：内蒙古和林格尔土城子古城遗址出土文物精品 / 内蒙古自治区文物考古研究院等编. —— 北京：文物出版社，2021.7

ISBN 978-7-5010-6897-5

Ⅰ.①盛… Ⅱ.①内… Ⅲ.①出土文物–和林格尔县–图录 Ⅳ.①K872.264.2

中国版本图书馆CIP数据核字（2020）第233138号

盛乐遗珍

——内蒙古和林格尔土城子古城遗址出土文物精品

编　　者：内蒙古自治区文物考古研究院
　　　　　内蒙古师范大学
　　　　　内蒙古博物院
　　　　　盛乐博物馆
　　　　　和林格尔县文物保护管理所

责任编辑：李　飏
责任印制：张　丽
责任校对：李　薇　陈　婧

出版发行：文物出版社
社　　址：北京市东城区东直门内北小街2号楼
网　　址：http://www.wenwu.com
经　　销：新华书店
制版印刷：天津图文方嘉印刷有限公司
开　　本：889mm×1194mm　1/16
印　　张：20
版　　次：2021年7月第1版
印　　次：2021年7月第1次印刷
书　　号：ISBN 978-7-5010-6897-5
定　　价：380.00元

主编

陈永志　李　强　闫　安

副主编

郑淑敏　朱家龙　霍志国

资料整理与撰写

郑淑敏　李　强　乔金贵　刘　刚

朱家龙　郝晓菲　包桂红　伊特歌乐

文物摄影

刘小放　宋　朝　张　冰　刘　刚

孔　群　朱家龙　陈永志

目　录

前　言

　　和林格尔土城子古城遗址位于内蒙古自治区呼和浩特市和林格尔县盛乐经济园区，现为全国重点文物保护单位。公元 386 年，鲜卑首领拓跋珪以土城子古城作为北魏盛乐都城，鲜卑民族以此为发端，开启了民族融合的历史进程。土城子古城是"十二五"期间国家重点构建的 150 处大遗址之一，也是黄河几字弯北岸最大的古代城市遗址。推进黄河文化遗产的系统保护，深入挖掘黄河文化蕴含的时代价值，这是贯彻落实习近平总书记关于保护传承弘扬黄河文化重要论述精神的总体要求，也是新时代赋予我们文化遗产保护工作者的重要使命。和林格尔土城子古城，遗址保存完好，文化内涵深厚，出土文物丰富，历史演进脉络完整，是中原王朝边疆治理体系形成建构的重要实物例证，也是农耕文化与游牧文化交往、交流、交融的重要实物载体。系统梳理和林格尔土城子古城遗址考古发掘资料，实施黄河文化遗产系统性保护，加强科学系统的解读与阐释，提炼中华优秀传统文化标识，彰显黄河文化时代价值，铸牢中华民族共同体意识，推出一批标志性研究成果，这就是我们编纂这本《盛乐遗珍 —— 内蒙古和林格尔土城子古城遗址出土文物精品》的重要意义所在。

　　和林格尔土城子古城遗址地理坐标为东经 111° 48′ 45″，北纬 40° 27′ 30″。古城遗址平面呈不规则长方形，东西宽 1450 米，南北长 2290 米，分为西城、南城、中城、北城四部分，城垣残高 0.5 至 10 米不等。其中西城残存东城垣，长 310 米，为春秋时期建筑；南城东西 550 米，南北 650 米，为春秋战国至魏晋北朝时期文化遗存；中城东西约 500 米，南北 790 米，主要为魏晋时期文化遗存；北城东西 1450 米、南北 1760 米，主要为唐代文化遗存。1997 年至 2014 年，为配合盛乐经济园区和国家考古遗址公园建设，文物考古部门连续多年对古城遗址进行考古调查、勘探和发掘工作。在城址内发掘了 3642 平方米，发现大型建筑台基、房址、水井、窖藏和瓮棺葬等重要遗迹。在古城外围发掘了2755座墓葬，其中春秋时期20座，战国时期2092座，秦汉时期226座，魏晋时期5座，唐代350座，辽代28座，金代1座，清代8座，时代不清者25座。在这些墓葬当中，出土了陶器、瓷器、铜钱、带钩等大量随葬品。通过考古发掘发现，和林格尔土城子古城遗址包含春秋、战国、秦汉、魏晋、隋唐、辽金元等多个历史时期的文化遗存。古城自春秋时期始建，秦汉时期城市规模扩大，是定襄郡郡址所在，魏晋时期是北魏王朝建立的第一座都城，隋唐时期是单于大都护府所在地，辽金元时期沿用。

和林格尔土城子古城遗址是研究黄河流域城镇建置、中国北部边疆地区治理体系建构与形成发展的重要实物资料，具有代表性与典型性。其遗产重要价值主要体现在以下几个方面：

第一，出土文物资料丰富，历史序列完整。和林格尔土城子古城遗址包含有春秋、秦汉、魏晋、隋唐四个历史时期的城址，内含有春秋、战国、秦汉、魏晋、隋唐、辽金元时期的文化堆积，时代序列完整。在古城外围发掘的2755座墓葬，种类有土坑墓、土洞墓、砖室墓、瓮棺葬、乱葬坑等多种，与城址又有一定的对应关系，考古发掘材料能够全面完整地反映中国北部边疆地区的历史发展脉络。

第二，和林格尔土城子古城遗址是古代中原王朝治理体系建构、巩固边疆的生动典范。古城所处地区在商周至春秋时期为猃狁、北狄居住的"襄"地，战国时期属赵国的云中郡，汉代为定襄郡成乐县，北魏时为盛乐都城，唐代在此设立单于大都护府，辽代为丰州振武县，元代为振武城。古城历经春秋、战国、秦汉、魏晋、隋唐、辽金元等几个大的历史发展阶段，城镇建置的历史长达两千余年。而考古发掘出土的遗迹遗物，文化关系衔接紧密，又与史料的记载相吻合，体现了中国北部边疆地区治理体系形成与发展的完整历史。

第三，和林格尔土城子古城是北魏王朝建立的第一座都城，标志着鲜卑民族南迁进入中原建都立业、开启民族融合的光辉历程。公元386年，鲜卑首领拓跋珪即代王位，建元"登国"，在此建立都城，即"盛乐"都城。其后，以盛乐都城为跳板，南迁大同、洛阳，完成了汉化的历史进程。所以，和林格尔土城子古城出土的一系列北魏时期的遗物，是中国历史上民族融合进程发端的重要实物资料。

第四，和林格尔土城子古城遗址是研究中国古代城市历史地理变迁的重要实物载体。古城坐落于古阴山南麓黄河北岸的土默川平原，东傍蛮汗山，西濒黄河水道，北守阴山白道，南扼杀虎口通衢，地理位置十分重要。深入挖掘其历史价值和文化内涵，以进一步研究中原农耕文明与蒙古高原游牧文明的互动关系、东西文化的交流以及草原城市文明的形成与发展，这具有重要的学术意义。

第五，和林格尔土城子古城遗址是深入研究黄河文化的鲜活样板。古城遗址位于黄河几字弯的东北角，濒临黄河水运通道，位于草原丝绸之路的枢纽地带。在历史上，它既是中原王朝防御北方游牧民族的军事重镇，也是蒙古高原各民族融合交往的节点性都市，是传承中华灿烂文化的重要实物载体，也是保护和弘扬黄河文化的重要抓手。

和林格尔土城子古城遗址经过大规模的考古调查和发掘，出土了陶瓷器、铜器、铁器、玉器、石器、骨器、铜钱等各类器物计万余件。本图录从中精心选取了从春秋战国到元代不同历史时期的代表性文物共287件（套）进行阐释与解读，全方位展示了内蒙古中南部黄河流域两千余年鲜活的历史。本图录采用初始考古发掘记录资料信息，发掘区的编号用罗马数字Ⅰ、Ⅱ、Ⅲ等表示，T代表探方，J代表探沟，H代表灰坑，F代表房址，M代表墓葬，W代表瓮棺葬。城址和墓葬的出土器物均一器一号，如ⅡM3:2，表示Ⅱ区3号墓葬出土的第2件文物。有5件无编号的文物，为土城子古城遗址内或周边采集或征集到的重要文物。

文化遗产承载人类灿烂文明，对于坚定文化自信、铸牢中华民族共同体意识具有重要意义。做好考古成果的挖掘、整理、阐释工作是对文化遗产突出普遍价值的系统提升和正确认知。《盛乐遗珍——内蒙古和林格尔土城子古城遗址出土文物精品》也是2020年度国家社会科学基金重大项目"内蒙古和林格尔土城子遗址及周边墓葬考古资料整理与研究"（20&ZD254）系列成果之一，我们力求通过这一学术成果的付梓，对中华优秀传统文化的保护、传承和弘扬做出自己应有的贡献。

编 者

2021年1月1日

两千余年的和林格尔土城子古城

陈永志

在中国的正北方，东西横亘着一条茫茫的青色屏障，它就是常见于史书记载的古"阴山"，也就是现在的大青山。它东起晋北，西与河套地区的狼山衔接，成为中国北方草原游牧与中原农耕地带的自然分界线。历史上中原农耕民族与北方游牧民族在这里交往、交流、交融，留下了一幕幕千古传唱、可歌可泣、鲜活而又生动的历史故事。重耳流亡、昭君出塞、拓跋建国、启民归附是这些历史故事的真实缩影，而演绎这些历史故事的重要舞台就是位于阴山南麓土默川平原的和林格尔土城子古城遗址及周边地区。

古城遗址位于内蒙古自治区呼和浩特市和林格尔县上土城村北 1 公里处，南距和林格尔县城 12 公里，北距呼和浩特市 38 公里。古城东傍蛮汗山，北依大青山（古阴山），西濒黄河水道，南扼古道杀虎口，地处中原通往漠北的山口要冲地带，地理位置十分险要。土城子古城是我国规模较大、沿用历史年代最长的古代城址，文化内涵十分丰富，1964 年被内蒙古自治区人民政府公布为自治区第一批文物保护单位，2001 年 6 月 25 日被国务院公布为第五批全国重点文物保护单位。

1997 年至 2014 年，内蒙古自治区文物考古部门连续多年对土城子古城遗址以及周边的墓葬进行了抢救性考古发掘，其中对城址进行了四次考古勘探、调查和发掘工作，勘探面积约 17 万平方米，发掘面积 3642 平方米（图 1）。通过考古勘探和发掘得知，土城子古城遗址平面呈不规则长方形，东西宽 1450 米，南北长 2290 米，面积约 4 平方公里。古城遗址分西城、南城、北城、中城四部分，墙体保存基本完好，城垣残高 0.5 至 10 米不等，东、北、西三面居中设有城门，外置瓮城。西城西半部被宝贝河水冲毁，仅存东城墙，南北 310 米，地层单一，为春秋时期文化遗存；南城东西 550 米、南北 650 米，系春秋战国至魏晋北朝时期文化遗存；北城东西 1450 米、南北 1760 米，内含中城，始建于唐代，主要为唐代文化遗存；中城位于北城南部偏东，东西 500 米、南北 790 米，是整个古城文化层最深的部分，最深处可达 10 余米，含战国至元代不同历史时期的文化堆积，始建于代魏，唐辽金元沿用（图 2）。

图1　城址考古发掘现场

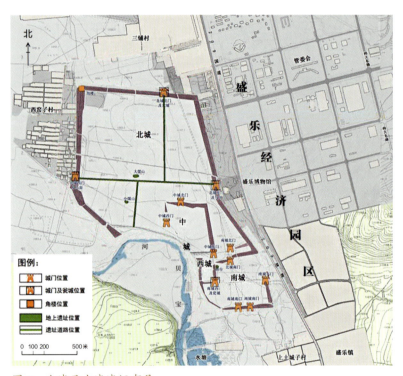

图2　土城子古城城垣布局

古城周围有数千座不同历史时期的墓葬，特别是古城外围500米范围内的墓葬更为集中。在对城址进行考古发掘的同时，考古工作者还在古城外围发掘了春秋至辽金元各个历史时期的古代墓葬2755座（图3），出土有铜器、铁器、玉器、陶器、石器、漆器、铜钱等各类器物计万余件。这些墓葬的种类有竖穴土坑墓、土洞墓、砖室墓、瓮棺葬、乱葬坑等。其中古城东侧以春秋、战国墓葬为多，南侧、西侧以汉墓为多，北侧以代魏时期的墓葬为多。春秋晚期墓葬均为长方形竖穴土坑墓，单人葬，葬式为仰身直肢葬、仰身屈肢葬等，随葬有陶壶、陶鬲、陶罐等器物（图4）；战国时期墓葬均为长方形竖穴土坑墓，单人葬，部分尸骨不完整，没有头颅或缺少肢骨，有些尸骨上残存有铜镞和骨镞，以仰身直肢、仰身屈肢、侧身屈肢为主要葬式，部分墓葬中带有壁龛或头龛，还发现带有环壕的墓葬，出土有陶罐、陶钵、陶鼎、陶豆、陶壶、陶盘、陶樽、带钩、铜剑、铜戈、铜璜等器物（图5）；秦式墓葬多为竖穴土坑墓，有东西向、南北向两种，以仰身屈肢、侧身屈肢为主要葬式，随葬品有铜带钩、蒜口壶、半两钱等（图6）；汉代墓葬形制有竖穴土坑墓、竖穴土坑木椁墓、土洞墓、砖室墓等，葬式以仰身直肢葬为主。一般随葬有陶罐、陶壶、陶井、陶灶等器物，铜器有铜带钩、铜镜、青铜壶、青铜香炉、青铜扁壶、青铜卣、车马具、铜钱等（图7）；魏晋时期的墓葬多为竖穴土坑墓，埋葬较深，大部分墓葬有葬具，葬式以仰身直肢葬为主，随葬品有陶罐、陶壶、铜镜等，多有殉牲现象（图8）；唐代墓葬可分为砖室墓和土洞墓两种，皆带有长方形斜坡或台阶式墓道，砖室墓为单室墓，近方形或圆形，穹隆顶，为双人合葬墓，土洞墓有直洞室和偏洞室两种，部分墓葬用石块或砖封门，葬式以仰身直肢葬为主，随葬品主要有陶器、瓷器、铜器、铁器、泥俑

盛乐遗珍
内蒙古和林格尔土城子古城遗址出土文物精品

图3　墓葬考古发掘区

图4　春秋时期墓葬

图6　秦式墓葬

图5　战国环壕墓葬

图7　汉代墓葬

等，出土的白瓷碗、三彩器、铜镜等遗物较为精美，部分墓葬出土有墓志，保存较好，以墨书为志文（图9）；辽金元时期的墓葬以辽墓为多，多穹隆顶砖室墓，台阶式墓道，墓室内以砖砌尸床，随葬有陶塔式罐、篦点纹陶罐、瓷碗、铜钱等器物，部分辽墓墓壁绘有精美壁画（图10）。

土城子古城是黄河几字弯北岸、古阴山南麓最大的古代城市遗址，其历史最早可以追溯到商周时期。根据甲骨文记载，商代的西、北方分布有舌方、土方、鬼方等古代民族，据郭沫若先生考证，其中的鬼方、

图 8　魏晋时期墓葬

图 10　辽代墓葬

图 9　唐代墓葬

土方的活动地域就在今山西省的西北部、陕西省的北部，也就是今天的内蒙古阴山、河套一带。而土方即是古文献中记载的"猃狁"（郭沫若：《卜辞通纂》《甲骨文字研究》）。西周时期，活动于中国北方的民族主要是荤粥、猃狁，关于猃狁的具体活动地域，根据《诗经·出车》中的记载，"天子命我，城彼朔方，赫赫南仲，狎狁于襄"，这里所记载的朔方，即指内蒙古的河套地区（今鄂尔多斯市杭锦旗一带），汉武帝建朔方郡，皆指同一地区。而与之相对应的"襄"，实际上也指的是地名，即猃狁最初的活动地域。汉高帝在公元前201年从云中郡另分出一郡，即是"定襄郡"，郡治成乐县，取之"安定襄地"之意，由此可知，"襄"的确切地望，即是汉代定襄郡成乐县县治所在，也就是今天的和林格尔土城子古城地区。根据《竹书纪年》《毛诗正义》的记载，朔方城建于帝乙三年（公元前1193年），那么，由此推断，古"襄"地在此期间就已经有了人类的频繁活动，在此活动的主体族团就是古猃狁族。西周大将南仲既然在"襄"地将猃狁族打败，进而也就说明作为古"襄"地的和林格尔土城子古城地区在西周时期就已经是猃狁族的活动中心所在了。

到了春秋时期，在古"襄"地活动的主体民族变为"狄"族，也就是中国古代通称的四方少数民族"蛮夷戎狄"之一的"北狄"。作为春秋时期中国北方强悍的民族，狄族曾多次南下中原，与中原列国发生战争，当时是晋国北方的劲敌。根据文献记载，晋献公二十二年（公元前655年），晋文公重耳为躲避晋献公的迫害，奔翟（狄）避难，在狄国生活十二年，晋文公重耳的母亲与妻子皆是狄人。据《史记·晋世家》记载："狄，其母国也。……狄伐咎如，得二女：以长女妻重耳，……重耳居狄凡十二年而去。"关于狄族的活动地域，学术界一般认为在今内蒙古自治区的西北部，其具体活动地望，一直未有明确。1986年8月，在土城子古城东侧的墓葬区发现一把铸有铭文的青铜剑，篆书"耳铸公剑"四字，经学者考证认定为晋文公重耳所用之剑（图11）。近几年，考古工作者在土城子古城址与墓葬中发现了春秋时期的一系列遗物（图12），在城内发掘出土了春秋时期的三足陶器，城外墓葬发掘出土了春秋时期的夹砂陶鬲、陶罐等随葬品，特别引人注目的是又相继出土了十几件青铜剑，其中四件与"耳铸公剑"的形制一模一样（图13），从而确凿地证实了《史记·晋世家》中记载的真实性，同时也说明了春秋时期狄族的主要活动地域就是今天的和林格尔县土城子古城地区，土城子古城的西城实际上就是此时所建，这也就是内蒙古呼和浩特地区最早营建的城市。

公元前594年，狄国为晋景公所灭，土城子古城地区于是成为晋国的管辖范围。在土城子古城外围的墓葬群中，发现了带有环壕殉人的墓葬，墓葬普遍呈"斗"形，并出土有盖式陶豆、盖式陶壶、盖式陶盒等器物，与山西侯马晋墓的形制与出土器物相类，这些都具有鲜明的晋文化因素（图14），也说明土城子古城地区曾一度为晋国属地。这些带有浓郁晋文化因素的墓葬与器物的出土，充分说明了这一历史事实。

在战国时期，赵国势力膨胀，西进蚕食晋国领土，公元前403年，赵国正式成为诸侯国，公元前376年，韩、赵、魏三家分晋，晋国的西北地区皆成为赵国的领地。公元前307年，

图 11 "耳铸公剑"青铜剑

图 13 土城子古城战国墓葬出土的青铜剑

图 12 土城子古城春秋时期墓葬出土陶器

图 14 土城子古城战国墓葬出土的晋式陶器

盛乐遗珍
内蒙古和林格尔土城子古城遗址出土文物精品

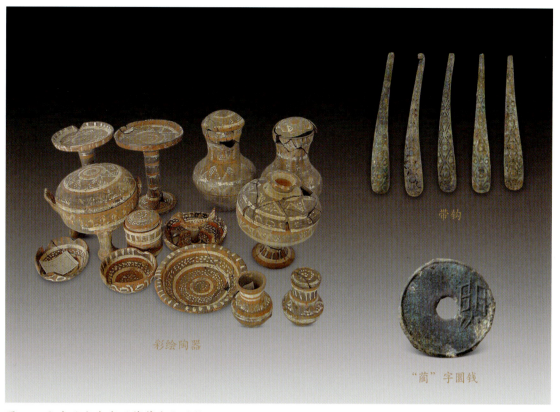

带钩

彩绘陶器

"蔺" 字圜钱

图 15　土城子古城战国墓葬出土器物

赵武灵王建云中郡（今内蒙古托克托县古城村），古"襄"地属云中郡管辖。土城子古城城址内出土的卷云纹瓦当、圜底陶釜，城外墓葬出土的折肩绳纹罐、错金银带钩、蔺字圜钱等，都是赵文化的典型器物（图15），同时也是赵武灵王"胡服骑射"、励精图治、开疆破土、修茸长城的重要实物例证。

秦统一六国后，始皇三十三年（公元前214年），秦将蒙恬率十万大军北击匈奴，悉收河南地，因河（今黄河）为塞，置36座县城，屯兵戍边，重置云中郡，古"襄"地仍属云中郡管辖。土城子古城周边发掘的带有壁龛的屈肢葬墓，出土的盖式豆、蒜口壶、锹式带钩、半两钱等秦代标形器物（图16），说明秦朝将土城子古城地区纳入统一的行政管辖范围的事实。

土城子古城具有明确的行政建置是在西汉初年，汉高帝六年（公元前201年），汉朝从秦云中郡中另析出

图 16　土城子古城秦墓出土的蒜口壶

定襄郡，下属桐过、都武、定襄、武进、襄阴、武皋、骆、安陶、武城、武要、复陆等十一县城，郡治设在成乐县，即今土城子古城的南城，是为定襄郡的政治中心所在，同时也作为汉王朝稳定边疆、抗击匈奴的主要前沿阵地，大将军卫青曾以定襄郡为根据地数次北上出击匈奴。东汉时期，复置定襄郡，辖骆、桐过、武城、善无、中陵五县，成乐县曾一度划归云中郡管辖。在土城子古城周边发现的大量墓葬当中，汉代墓葬占有相当比例，有大型的棺椁墓、竖穴土坑墓、土洞墓、单砖室墓、多砖室墓等诸多种类，出土有陶罐、陶壶、陶井、陶灶等陶器，铜镜、铜壶、铜香炉、青铜扁壶、青铜卣、车马具等铜器，特别是发现了带有前、中、后墓室的大型砖室墓，其中一座墓葬中还出土有青铜壶、青铜豆、青铜洗等规格较高的大件青铜器物（图17）。这些墓葬形制与出土的器物，基本与中原地区汉代墓葬的形制与器物特征相一致，充分说明了和林格尔县的土城子古城地区作为西汉定襄郡郡治所在，其政治、经济、文化都已经达到了相当发达的程度。

东汉末年，鲜卑人崛起于蒙古高原，并逐渐南迁。到西晋时期，鲜卑拓跋部已进入阴山一带。公元258年，拓跋鲜卑首领率部南下，将所部分为三部，其中猗卢率领的西部以土城子古城为活动中心，即是利用汉代成乐城址。其后，猗卢统率三部正式建立政权，即代王位，以盛乐为北都，平城（今山西大同）为南都，现在土城子古城的中城即是此时所建。公元386年，拓跋珪即代王位，建元登国，改称魏王，仍以土城子古城作为盛乐都址所在。公元398年（天兴元年）拓跋珪迁都平城，次年改号为皇帝，正式建立了北魏王朝。此时盛乐城虽已不是政治中心所在，但在其附近还埋葬有北魏早期的五代皇帝，足见其当时政治地位的重要性。在对古城城址的考古发掘过程中，发现了大量具有鲜卑文化特点的器物，在南城发现有束颈敞口印花纹陶壶、陶瓮、陶罐等器物，在中城发现有黑面磨光筒瓦、板瓦、莲瓣纹瓦当等建筑构件，在城外发现有数量较多的鲜卑墓葬。陶壶、陶瓮、陶罐等器物皆泥条盘筑，手工制作，器表戳印篦点纹，滚轮磨压波浪暗纹，器底带有方形戳印；出土的黑面磨光筒瓦、板瓦、莲瓣纹瓦当与山西平城地区、河南汉魏洛阳故城遗址出土的同类器物相一致；城外墓葬带头厢有殉牲，随葬有细颈盘口的陶壶与波浪纹陶罐，墓葬形制与出土陶器器形特点上承东汉，下衔魏晋，时代特征明显（图18）。土城子古城南城鲜卑早期陶器的发现，真实地反映了鲜卑人在原成乐城居住生活的实际状况，中城大量建筑构件的发现，表明当时的城市建筑已经达到了相当的程度，而城外数量较多鲜卑墓葬的发现，说明鲜卑人在土城子地区生养死葬的事实。以上具有浓郁鲜卑文化特点墓葬与器物的出土，是鲜卑人从呼伦贝尔大草原南迁至古阴山地区建都立业的真实物证，结合"盛乐"称谓与西汉定襄郡"成乐"县名称之间的演变关系，足以证实内蒙古和林格尔土城子古城即是北魏的盛乐都址所在。

隋王朝于公元585年（开皇五年）在原盛乐城设置云中总管府。公元599年（开皇十九年）突厥启民可汗率众归附，隋王朝将启民可汗所属突厥人民安置在呼和浩特平原上游牧，并兴建了大利城。公元605年（大业元年）又设置了定襄郡，郡治大利城。这座大利城即是现今和林格尔县土城子古城的中城外围的高大城垣，也是唐代城垣的前身。唐代初年，突

图 17　土城子古城汉代墓葬出土器物

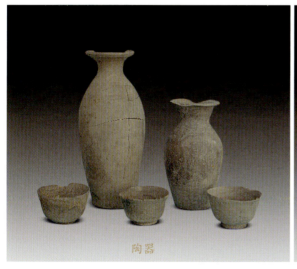

陶器

瓦当

图 18　土城子古城代—北魏墓葬出土器物

厥首领阿史那思摩曾在"定襄故城"即土城子古城设立牙帐，为唐王朝守卫北部边疆。唐
高宗时，将原设在漠北的瀚海都护府迁到土城子古城，改名为云中都护府，公元 650 年（永
徽元年）改名为单于都护府，或称单于大都护府，负责管领漠南地区的广大羁縻州，即管
领这一带地方的少数民族事务。唐代兴筑的单于大都护府，基本上是在隋代大利城城垣的
基础上扩建的。唐代中期以后，出现了节度使制度，公元 745 年（天宝四年）王忠嗣任振
武节度使，将振武军由东受降城迁至单于大都护府，管领阴山以南的单于大都护府、东受

降城（今内蒙古托克托县大皇城）、麟州（今陕西神木县境）、胜州（准格尔旗十二连城）等广大区域。振武节度使设置150年后，唐王朝才灭亡。唐代，土城子古城作为漠南的重要政治军事中心，是控制北方的突厥、回纥等族的重要据点，也是中西交通线上的一个重要枢纽，因而当时的振武城就有很高的知名度，振武军时期，是这座城市最为繁荣的阶段。在今和林格尔县土城子古城的北城地区，考古发现了一处大型多联间的房屋基址，出土了大量板瓦、筒瓦、方砖及莲蕾纹瓦当，同时还发现有大型的陶瓮、钱币窖藏及各类完整的瓷器、三彩器等，在城外还发现许多隋唐时期的墓葬，部分唐墓中出土有墓志铭，尤以葬于唐贞元十四年（公元798年）的"唐故守左金吾卫大将军试太长卿刘公墓志铭"为典型，弥足珍贵（图19）。另外，一些唐墓中绘有精美壁画，还出土有陶塔式罐、白瓷碗、注壶、釉陶罐、铜镜、铜钱、赌具等随葬器物（图20），这些都真实地反映了唐代单于大都护府政治、经济、文化的真实面貌。

辽代在呼和浩特平原的大黑河北面兴筑了西三州，即丰州（今呼和浩特市东郊五路村北）、云内州（托克托县古城乡南园子村北）、东胜州（托克托县托克托城大皇城），政治经济中心北移至土默川平原的西北部，原来土城子古城所在地的振武城改设振武县，归属丰州管辖，到金、元时期，仍称为振武镇或振武城。辽金元时期的城镇主要沿用的是现在的中城，现今古城中部临近宝贝河一带，地表分布有辽金元时期的遗迹和遗物，也是古城内文化堆积层最厚的地方，都是此时大规模建设所为。经考古发掘确认，这些遗迹主要有庙址、窖穴及其他建筑基址，遗物主要有沟纹砖、兽面纹瓦当及白釉褐花瓷罐等。辽金元时期的墓葬发现得较少，只在古城北部发现二十余座，其中有些辽墓带有精美壁画，墓葬中出土有陶塔式罐、篦纹陶罐、铜钱等遗物（图21）。

土城子古城遗址的考古发掘最主要的特点是出土的遗迹、遗物所跨越的历史年代久远，历史序列也最为完整，而其所处中国北方农牧结合带这样一种特殊的地理位置，又赋予其特殊的历史意义。据史料记载，土城子古城所处地区在商周至春秋时期为猃狁、北狄居住的"襄"地，战国时期属赵国的云中郡，汉为定襄郡成乐县，北魏时为盛乐都，唐代在此设立单于大都护府，辽代为丰州振武

图19　土城子古城唐墓出土"刘君墓志"铭

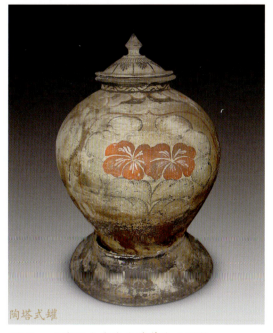
陶塔式罐

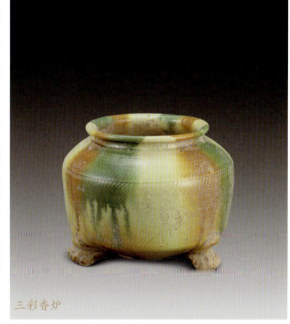
三彩香炉

图 20　土城子古城唐代墓葬出土器物

县，元代为振武城。古城历经春秋、战国、秦汉、魏晋、隋唐、辽金元等几个大的历史发展阶段，城镇建置的历史长达两千余年，这在内蒙古地区是独一无二的，在全国来说也是十分罕见的。而考古发掘出土的春秋、战国、秦汉、魏晋、隋唐以及辽金元不同历史时期的文化遗存，文化关系衔接紧密，中间没有缺环，又与史料的记载相吻合。因此可以这样说，土城

陶塔式罐　　　　　　　白釉褐花盘口瓶

图 21　土城子古城辽墓壁画及出土器物

子古城遗址是内蒙古地区出土文物较为丰富、沿用历史时间最长的古代城址，也是我们进一步研究我国古代中原王朝开发治理北部边疆的重要实物见证，是内蒙古自治区极为珍贵的物质文化遗产。

图　版

图版目录

盛乐遗珍
内蒙古和林格尔土城子古城遗址出土文物精品

1 | 彩绘陶壶

‖ M910：3

春秋时期
高 21.5、口径 10.3、腹径 14.5、底径 6 厘米

泥质红陶，手制。喇叭口，方唇，粗弧颈，溜肩，弧鼓腹，近圜底，腹部对称饰泥饼状器耳。以红彩于颈肩饰水波纹、"∽"纹、绚纹、竖向波折纹，腹饰绚纹、网格纹、宽带纹，器耳饰戳刺纹。

2 | 灰陶壶形罐

‖ M793：1

春秋时期
高 24、口径 13、腹径 20.5、底径 10.2 厘米

泥质灰陶，手制。敞口，方唇，高领，鼓腹，
平底。素面，近底部有削切痕。

盛乐遗珍
内蒙古和林格尔土城子古城遗址出土文物精品

3 灰陶深腹罐

‖ M1464：1

春秋时期
高 27.6、口径 12、腹径 18.8、底径 10.8 厘米

泥质灰褐陶，手制。侈口，圆唇，溜肩，深弧
腹，平底内凹。器表饰弦断细绳纹，颈部和近底
部有抹痕和削切痕。

4 灰陶罐

‖M755：2

春秋时期
高 14.4、口径 8.4、腹径 13、底径 6.5 厘米

泥质灰陶。直口微侈，方唇，圆鼓腹，近圜底。
颈饰数周凸弦纹，腹饰弦断细绳纹，有抹痕。

5 灰陶罐

‖M755：1

春秋时期
高 16.5、口径 14、腹径 18.6、底径 12 厘米

泥质灰陶。侈口，平折沿，方唇，鼓腹，
平底。器表饰弦断绳纹，绳纹交错不规则，
近底部有抹痕和削切痕。

6 | 灰陶罐

‖ M755：6

春秋时期

高 13.4、口径 11、腹径 14.8、底径 8.2 厘米

夹砂灰陶。直口微侈，方唇，鼓腹，平底内凹，有方形印记。颈部以下外凸加厚，上腹部饰竖向粗绳纹，下腹部饰交错绳纹，近底部有削切痕。

7 | 灰陶罐

‖ M1055：5

春秋时期

高 17.7、口径 13.4、腹径 18、底径 8 厘米

夹砂灰陶。侈口，方唇，溜肩，鼓腹，圜底。上腹部饰竖向细绳纹，下腹部饰交错绳纹。

8 | 红陶单耳罐

‖ M1235：3

春秋时期
高 14.5、口径 9.6、腹径 14.5、底径 6.6
厘米

夹砂红褐陶，手制。侈口，圆唇，矮领，
深弧腹，小平底，颈肩一侧附宽桥形耳。
肩部饰三周凸弦纹，器表有烟炱。

9 | 红陶单耳罐

‖ M885：2

春秋时期
高 16.5、口径 10.5、腹径 13、底径 6.6
厘米

泥质红褐陶，手制。侈口，圆唇，矮领，
深弧腹，圜底，颈肩一侧附宽桥形耳。
肩腹部饰一周压印弦纹及三周波折纹，
器表有烟炱。

10 灰陶单耳罐

‖ M1235：1

春秋时期
高 12、口径 11、腹径 13.8、底径 4.8
厘米

夹砂灰陶。侈口，方唇，鼓腹，下
腹斜收，近圜底，肩腹一侧附条状
桥形耳。器表饰竖向绳纹，有抹痕。

11 灰陶单耳罐

‖ M885：1

春秋时期
高 9.6、口径 9.6、腹径 11.6、
底径 6.4 厘米

夹砂灰陶。敞口，方唇，弧领，
鼓腹，上腹部附一半圆环形
耳，平底。素面，器表有烟炱。

12 灰陶单耳罐

Ⅱ M1257：1

春秋时期
高 14、口径 12.5、腹径 15、底径 6.8 厘米

夹砂灰陶。敞口，方唇，鼓腹，平底内凹，肩腹一侧附宽桥形耳。器表饰斜向绳纹，有抹痕和烟炱。

13 灰陶单耳罐

Ⅱ M755：4

春秋时期
高 12.8、口径 11.2、腹径 14.5、底径 7.6 厘米

夹砂灰陶，手制。直口微侈，方唇，鼓腹，近圆底，肩腹一侧附柱状桥形耳。器表饰竖向绳纹，有抹痕。

ⅡM715：3

14 灰陶鬲

ⅡM715：3、ⅡM715：4

春秋时期

ⅡM715：3　高 12.6、口径 12.3、腹径 15.6 厘米
ⅡM715：4　高 12.2、口径 11.4、腹径 13.6 厘米

两件。夹砂灰陶，形制相同。侈口，圆唇，弧颈，鼓
腹，下附三个矮实足，裆近低平。器表饰竖向绳纹，颈
部和下腹部被抹，腹部饰一周附加堆纹。

ⅡM715：4

15 灰陶鬲

ⅡM1257：3

春秋时期

高 14、口径 11、腹径 14.5 厘米

夹砂灰陶。敞口，圆唇，束颈，鼓腹，下附三实足，裆近低平。器表饰交错粗绳纹，有烟炱。

16 灰陶鬲

ⅡM1121：1

春秋时期

高 12.4、口径 11.5、腹径 12.8 厘米

夹砂灰陶。侈口，圆唇，溜肩，鼓腹，下附三实足，弧裆略高。颈部以下饰竖向绳纹，器表有烟炱。

17 | 灰陶单耳鬲

‖ M1121：3

春秋时期
高 12、口径 9.5、腹径 11 厘米

夹砂灰陶。侈口，圆唇，溜肩，鼓腹，上腹部附一宽桥耳，下附三实足，弧裆略高。颈部以下饰竖向绳纹，器表有烟炱。

18 | 灰陶尊

‖ M755：5

春秋时期
高 8.6、口径 18.8、底径 10.4 厘米

泥质灰陶，轮制。敞口，方唇，深腹，腹部外凸加厚，假圈足外撇。素面。

19 "耳铸公剑"青铜剑

春秋晚期
通长 49.3、宽 5 厘米

喇叭形首，圆柱形茎，中部有两周凸箍，剑格厚而宽，呈倒"凹"字形。剑身呈柳叶形，中间及两刃起脊，两锷垂末小撇。在剑身近剑格处阴刻篆体铭文"耳铸公剑"四字。

20 彩绘陶盖鼎

‖ M1657：6

战国时期

通高 14.6、口径 14.6、腹径 18.4 厘米

泥质灰陶。盖与鼎以子母口相扣合，扣合不紧密。盖面隆起，呈弧形。鼎子口内敛，深腹，双錾耳微外撇，下部有方形凹槽，平底，附三小蹄足。盖面及鼎上部以黄、白两色绘蟠螭纹和几何纹。

21 彩绘陶盖鼎

‖ M1388：4

战国时期

通高 21.5、口径 20、腹径 23.4 厘米

泥质灰褐陶。盖与鼎以子母口相扣合。盖面隆起，
呈弧形。鼎子口、深腹、圜底，双长方形錾耳略外
撇，空心蹄足较肥大。器表涂黑衣，以红、白两色绘
宽带纹、三角纹、竖线纹、菱形纹、几何纹、点彩等。

22 | **彩绘陶盖壶**

‖ M1388：9

战国时期

通高 12.1、口径 6.4、腹径 10、底径 3.8 厘米

泥质灰褐陶。盖呈圆饼状。壶为盘口，方唇，粗弧颈，鼓腹，小平底。盖面及壶身涂黑衣，以红、白两色绘宽带纹、几何纹、点彩等。

23 | **彩绘陶盖壶**

‖ M1388：10

战国时期

残高 11.3、口径 6.4、腹径 10、底径 4.3 厘米

泥质灰褐陶。盖残碎。壶为盘口，方唇，粗弧颈，鼓腹，小平底。器表涂黑衣，以红、白两色绘宽带纹、竖线纹、几何纹、点彩等。

彩绘陶盖壶

‖ M1657：4

战国时期

通高 37.8、口径 13.6、腹径 25.4、
底径 16.2 厘米

泥质灰陶。盖与壶以子母口相扣
合。盖子口，盖面隆起，呈弧形。
壶喇叭口，圆唇，长弧颈，溜肩，
鼓腹，假圈足外撇，平底。盖面、
壶身涂黑衣，以黄、白两色绘弦
纹、蟠螭纹、波折纹、几何纹。

25 | 彩绘陶盖盒

‖ M1657：2

战国时期

通高 14.5、口径 16、腹径 18.1、底径 7.2 厘米

泥质灰陶。盖与盒器形对称，以子母口相扣合，扣合后呈球形。盖呈半球形，深弧腹，矮圈足捉手。盒子口内敛，深弧腹，隐圈足。盖、盒涂黑衣，以黄、白两色彩绘蟠螭纹。

26 | 彩绘陶豆

‖ M1388：7、‖ M1388：8

战国时期

‖ M1388：7　高 26.5、口径 19.8、底径 13.1 厘米

‖ M1388：8　高 18.2、口径 13.4、底径 10.1 厘米

两件。泥质灰陶。浅盘口，圆唇，斜腹，平底，高直柄，喇叭形底座。器表涂黑衣，以红、白两色彩绘宽带纹、三角纹、竖线纹、点彩等。

II M1388 : 8

战国时期

II M1388 : 7

27 | 灰陶盖鼎

‖ M67：5

战国时期
通高 22、口径 16.8、腹径 22 厘米

灰陶，盖为泥质陶，鼎为夹砂陶，轮制。盖与鼎以
子母口相扣合。盖浅腹，盖面隆起，矮圈足，上附
三个三角形小纽。鼎子口内敛，深腹下垂，圜底，
柱状高蹄足，椭圆形双錾耳外撇。腹饰两周凸弦纹。

28 | **灰陶盖鼎**

‖ M1637：5

战国时期

通高 26、口径 20、腹径 25.2 厘米

泥质灰陶。盖与鼎以子母口相扣合。盖腹较深，盖面
高隆，呈弧形，上附三梯形纽。鼎子口内敛，深腹，
圜底，空心高蹄足，双长方形耳外撇，中间有方孔。
腹部饰一周凹弦纹。

29 | 灰陶釜

IV W32：1

战国时期
高 36.5、口径 26.5、腹径 36 厘米

灰陶，上半部为泥质，下半部为夹砂，模制。侈口，折
唇，深鼓腹，尖底略钝。上腹部饰竖向细绳纹与数周凹弦
纹，下腹部饰竖向粗绳纹，器表有烟炱。

30 | 灰陶壶

‖ M70：1

战国时期
高 21.5、口径 14、腹径 17.8、底径 9.8 厘米

泥质灰陶，轮制。敞口，折沿，束颈，圆肩，
鼓腹，下腹斜收，平底。饰暗弦纹、暗锯齿纹。

31 | 灰陶壶

ⅡM1467：4

战国时期

高 24.1、口径 12、腹径 18、底径 8.8 厘米

泥质灰陶，火候较低。敞口，方唇，粗颈，
溜肩，弧腹，平底内凹。素面。

32 灰陶壶

ⅡM388：1

战国时期

高 33、口径 15、腹径 27、底径 12 厘米

泥质灰陶。敞口，方唇，短颈，圆鼓腹，平底内凹。上腹部饰两周凸棱纹，肩部阴刻似"马"字。

盛乐遗珍
内蒙古和林格尔土城子古城遗址出土文物精品

33 | 灰陶盘口壶

Ⅱ M67：2

战国时期

高 30、口径 13.5、腹径 23.6、底径 9.5 厘米

泥质灰陶。浅盘口，方唇，束颈，圆肩，鼓腹，
小平底。上腹部饰暗波折纹，近底部有削切痕。

34 灰陶盘口壶

Ⅱ M1038：2

战国时期

高 26.7、口径 12、腹径 21.2、底径 10.2 厘米

泥质灰陶。盘口，方唇，弧颈，圆肩，鼓腹，假圈
足外撇，平底。上腹部以三组双凸弦纹分为三层，
上层与下腹部饰暗弦纹，中层饰暗鱼纹、暗卷云纹、
锯齿纹，下层饰暗网格纹。

35 灰陶盘口壶

Ⅱ M1550：1

战国时期

高 23.7、口径 12.5、腹径 17.4、底径 9.8 厘米

泥质灰陶。盘口，方唇，粗弧颈，扁鼓腹，高假
圈足略内凹。颈饰暗弦纹，肩腹部饰三周凹弦纹
间隔两周暗波折纹，腹中部饰一周戳刺纹。

36 灰陶盖壶

Ⅱ M1637：1

战国时期
通高 31.6、口径 14、腹径 19.6、底径 10 厘米

泥质灰陶。盖面呈弧形隆起。壶呈喇叭口，尖圆
唇，微束颈，圆肩，鼓腹，平底。

37 | 灰陶盖壶

Ⅱ M1457：8

战国时期
通高 34、口径 12.6、腹径 27.6、底径 15 厘米

泥质灰陶。盖与壶以子母口相扣合。盖子口，盖面微隆，上附三兽头形纽。壶盘口，方唇，粗颈，圆鼓腹，喇叭状高圈足。盖面饰暗网格纹；壶颈饰竖暗波折纹，肩至腹部两条凹弦纹组成的宽带纹将器身分为三层，上层饰暗三角纹与网格纹，中层饰暗卷云纹，下层饰暗波折纹。

盛乐遗珍
内蒙古和林格尔土城子古城遗址出土文物精品

38 灰陶豆柄盖壶

‖ M1457：5

战国时期

通高 15.4、口径 5.4、腹径 10.2、底径 6.2 厘米

泥质灰陶。盖与壶以子母口相扣合。盖子口，盖面微隆。器身呈罐状，直口微侈，粗弧颈，圆鼓腹，喇叭形底座。颈部饰暗弦纹，肩部饰网格纹，上腹部和盖面饰暗宽带纹。

39 灰陶扁壶

‖ M429：3

战国时期

高 18.2、口径 8.8、腹宽 22.2、腹厚 11.4、底长径 9.6、底短径 7.6 厘米

泥质灰陶。敞口，平沿，束颈，椭圆形扁腹，长方形假圈足，平底。腹部沿弧棱边饰凹宽带纹。

40 | 灰陶盖豆

ⅡM1637：7、ⅡM1637：8

战国时期

ⅡM1637：7　通高 25.6、口径 17.6、腹径
19.6、底径 12.4 厘米

ⅡM1637：8　通高 25.4、口径 17.6、腹径
20.4、底径 12 厘米

两件。泥质灰陶。盖与豆器形对称，以子母
口相扣合，扣合后呈扁球形，器盖覆置就
是一件矮圈足豆。盖呈半球形，短柄，喇叭
形捉手。豆体子口内敛，深腹，圜底，细
柄，喇叭形底座，腹饰一周凹弦纹。

盛乐遗珍
内蒙古和林格尔土城子古城遗址出土文物精品

ⅡM1637：7

II M1637：8

41 灰陶盆

‖ M1037：2

战国时期

高 7.4、口径 31.5、底径 12.9 厘米

泥质灰陶，烧制变形。敛口，宽折沿，方唇，折腹，下腹急收，小平底。内壁上腹部饰锯齿纹，填以网格纹，之下饰一周卷云纹，盆底饰五鱼纹。

42 | 灰陶樽

Ⅱ M70：2

战国时期
通高 30.4、口径 22、底径 22 厘米

泥质灰陶。盖与器体以子母口相扣合。盖子口，盖面隆起呈圭形。体呈圆筒形，深腹，平底，附三蹄足。盖饰暗弦纹，体饰暗弦纹、暗波折纹、暗网格纹。

43 | 灰陶缶

‖ M1685：1

战国时期
高 33.8、口径 12、腹径 36、底径 17.5 厘米

泥质灰陶。侈口，卷沿，尖唇，束颈，圆肩，
鼓腹，平底。腹部饰弦断交错绳纹，近底部
有抹痕和削切痕。

44 | 灰陶圆腹罐
‖ M1312：1

战国时期
高 26.9、口径 13、腹径 21 厘米

泥质灰褐陶，火候较低。直口微侈，平沿，方唇，高直领，球形腹，圜底内凹。上腹部饰弦断绳纹，下腹至底饰交错绳纹。

45 | 灰陶双耳罐
‖ M1039：3

战国时期
高 8.6、口径 6.6、腹径 7.8、底径 4.9 厘米

夹砂灰褐陶。侈口，方唇，矮领，深弧腹，口肩之间附对称桥形器耳，平底。素面，有烟炱。

46 灰陶罐

Ⅳ W25：1

战国时期

高 36.5、口径 23.5、腹径 38.8、底径 18.5 厘米

泥质灰陶。侈口，尖唇，微折肩，鼓腹，平底。
肩部磨光，腹部饰竖向细绳纹，近底部有削切痕。

47 | 灰陶大口罐

Ⅱ M1534：1

战国时期

高 15.3、口径 17.8、腹径 23.2、底径 14.5 厘米

泥质灰陶。侈口，圆唇，矮领，丰肩，鼓腹，平底内凹，有方形印记。肩腹部饰三周凹弦纹，内饰刻划网格纹。

48 | 陶珌

Ⅱ M1125：7、Ⅱ M1037：7、
Ⅱ M1790：2、Ⅱ M1743：17

战国时期

Ⅱ M1125：7　直径 8.4 厘米
Ⅱ M1037：7　直径 8.3 厘米
Ⅱ M1790：2　直径 8.2 厘米
Ⅱ M1743：17　直径 7.7 厘米

四件。泥质灰陶，火候较高。圆形扁体，
中空，内置圆球，摇动有响声。

Ⅱ M 1125：7

上有穿孔方纽。两面均以浮点纹为
地。正面环向交错饰鱼鸟纹，中心
饰圈点纹；背面以圆形为界分为内
外区，内区以十字线分为四区间，
外区饰环形折线纹。

Ⅱ M 1037：7

外缘饰一周凸棱。两面均以浮点
纹为地。正面饰以双马、五鱼、
一凤；背面饰以双马、双鱼、一
树，树下站一人作牵马状，双鱼
在树下游动。

盛乐遗珍　内蒙古和林格尔土城子古城遗址出土文物精品

ⅡM1790：2
正面饰菱形网格纹，内填戳刺纹；
背面饰戳刺纹。

ⅡM1743：17
正面饰对顶三角纹与戳刺纹，
背面饰戳刺纹。

49 | 陶拍

IV H32：8

战国时期

长 13.5、宽 9.6、厚 1.6～6 厘米

泥质灰陶。呈长方形，拍面微弧，满饰网纹，拍背有三个圆孔，拍两侧有三角形凹槽。

战国时期

直径14.5、厚0.9厘米

圆形，浅浮雕，边轮外凸。当面涂朱，居中饰一树纹，树枝向上呈拱形，枝叶两侧对饰飞鸟，树干上对饰攀缘的双猴，树根部对饰山羊，以小圆圈纹和"∽"形云纹为衬。整个画面内容丰富、生动活泼。

盛乐遗珍

内蒙古和林格尔土城子古城遗址出土文物精品

51 | 云纹瓦当

Ⅲ H33：41

战国时期

直径14.5，厚1.2厘米

圆形，浅浮雕，边轮外凸。当面涂朱，以单环线划分内外区，内区饰"人"字形卷云纹，外饰三个小乳钉；外区以正反羊角形云纹为界分为四格，格内饰"∽"形云纹。

52 云鹿纹瓦当

Ⅲ H33：6

战国时期
直径 12、厚 0.8 厘米

圆形，浅浮雕，边轮斜凸。当面以单环线划
分内外区，内区饰一奔鹿和飞鸟；外区以相
背的羊角形云纹为界分为三格，格内饰飞禽
或走兽。

53 | 云鹿纹瓦当

Ⅲ H33：69

战国时期
直径 13.5、厚 1.7 厘米

圆形，浅浮雕，边轮外凸。当面以单环线划分内外区，内区饰鹿纹；外区以两两相对的羊角形云纹为界分成四格，其中三格饰"∽"形云纹，另一格饰动物纹。

盛乐遗珍
内蒙古和林格尔土城子古城遗址出土文物精品

54 | 青铜剑

Ⅱ M244 : 1

战国时期
通长 45、剑身长 37 厘米

圆首，四棱形茎，近首部为圆角菱
形，剑格较窄。剑身修长，中间起
脊，截面近菱形，斜丛，前锋尖锐。

55 | 青铜剑

Ⅱ M523：1、Ⅱ M1577：1、Ⅱ M1054：2

战国时期

Ⅱ M523：1　通长 52.4、剑身长 44 厘米

Ⅱ M1577：1　通长 38.8、剑身长 30 厘米

Ⅱ M1054：2　通长 48.8、剑身长 36.4 厘米

三件。圆首，圆柱形茎，中部有两周凸箍，剑格厚而宽，呈倒"凹"字形。剑身修长，中间起脊，截面呈菱形，斜丛，前锋尖锐。Ⅱ M1577：1 剑表残留朽木，应为木鞘。

Ⅱ M523：1

Ⅱ M 1577：1

Ⅱ M 1054：2

56 | 青铜剑

Ⅱ M1466：1、Ⅱ M1899：1、Ⅱ M1240：1

战国时期

Ⅱ M1466：1　通长 40.5、剑身长 32.1 厘米

Ⅱ M1899：1　通长 52、剑身长 42 厘米

Ⅱ M1240：1　通长 40.5、剑身长 32.5 厘米

三件。圆首，空体筒形圆茎，向剑格处渐细，剑格较窄。剑身修长，中间起脊，截面呈菱形，斜丛，前锋尖锐。

Ⅱ M1466：1

II M 1899:1

II M 1240:1

57 | 铁剑

ⅡM733：1

战国时期
残长 99、茎长 21 厘米

扁条茎，铜剑格，剑身修长，中间起
脊，截面呈菱形，斜丛，尖部残损。

58 | **青铜铍**

‖ M1190：2

战国时期
通长 40、铍身长 32.4 厘米

扁茎，呈长条形，中部有凸棱。铍身扁长，中间起双脊，脊内略凹，截面呈六边形，斜丛，上部残断，前锋尖锐。

战国时期
通长 33、铍身长 22.5 厘米

扁茎，呈长条形，下有穿孔。铍身修长，平脊，截面呈六边形，斜丛，上部残断，前锋尖锐。两侧平脊近茎处阴刻篆书铭文，面文双行"十六年守相躯平君邦右库工师韩 冶明执齐"十八字，背文"大攻尹韩耑"五字。后人在背文间加刻"五□香□□古□□□，□□□□↘□丑"十六字。

"十六年"即"赵孝成王十六年（公元前 250 年）"，"守相"为"代理官职"，"躯平君"是人名"廉颇"，"邦右库"是制作兵器的手工业机构，"工师"即"工匠"，"韩"也是人名，"冶"即"冶炼或铸造"，"执"即"讨伐或攻打"，"齐"即"齐国"。释文为"公元前 250 年在守相躯平君的监管下，由邦右库工师韩铸造此件青铜铍，以讨伐或攻打齐国所用"。"大攻尹韩耑"是赵国都邯郸所造兵器铭刻的形式。

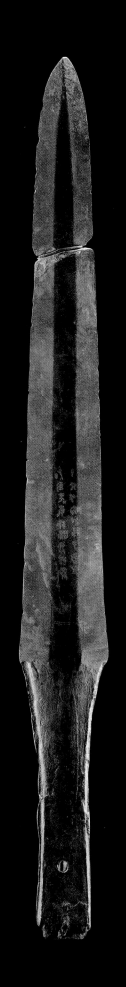

60 青铜戈

‖ M1458：2

战国时期
通长 22.8 厘米

长方形内，援体狭长，棱形脊，前
锋尖锐，短胡，阑侧下方有一长方
形穿。

61 青铜戈

‖ M1738：3

战国时期
通长 19.2 厘米

长方形内，内上有三角形穿，援体略长，
棱形脊，前锋尖锐，短胡，阑侧下方有
三个梯形穿。

62 | **青铜削**

Ⅱ M279：2

战国时期
通长 17.2 厘米

环首，扁圆柄。削宽背，中部微
凹，直刃，尖圆钝。

63 | **青铜削**

Ⅱ M1743：15

战国时期
通长 16.4 厘米

扁环首，三角形柄。凹背，直刃
略内凹，尖锋上翘。

64 铜镞

Ⅱ M915：1

战国时期
长 7.6 厘米

三翼銎式镞，前锋尖锐，边锋较直，三翼带有血槽，上有扁圆形孔，尾部有圆銎。

65 鸟形青铜杖首

Ⅱ M1568：1

战国时期
杖首高 5、长 15.6、銎长径 2.8 厘米
墩高 6.4、长径 2.8 厘米

圆雕长颈鸟，其腹下为可套接近椭圆形銎，上端有圆形穿孔，銎内残存有朽木。墩筒形，平底，截面近椭圆形，中部有圆形穿。

66 人形铜带钩

Ⅱ M2138：1

战国时期
残长 9.5、宽 3.2 厘米

钩面浮雕人形，头顶结角形发髻，圆形脸，弯眉，两眼圆睁，高鼻翘起，小口。颈系长巾，拱手于腹前衣带之下，长颈，颈根部有两近椭圆形突起似为人脚。钩残，圆纽位于钩背近中部。此型带钩极为罕见。

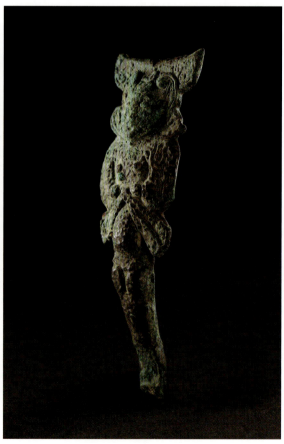

67 长牌形铜带钩

ⅡM342：1、ⅡM497：14

战国时期

ⅡM342：1　残长 14.2 厘米
ⅡM497：14　残长 14.3 厘米

两件。钩体呈长牌形，钩面中部饰两道凸棱，两端各有一道凹箍，连接着同向浮雕兽面纹，一端兽面嘴部前出作钩颈，长颈，钩残。背内凹，圆纽，位于钩背近中部或尾部。ⅡM497：14 钩体局部错金。

盛乐遗珍
内蒙古和林格尔土城子古城遗址出土文物精品

ⅡM342：1

ⅡM497：14

ⅡM443：1

ⅡM655：1

68 长牌形铜带钩

ⅡM443：1、ⅡM655：1

战国时期

ⅡM443：1　长 12.2 厘米
ⅡM655：1　残长 10.7 厘米

两件。钩体呈长牌形，钩面中部饰两道凸棱，两端各有一道凸箍，长颈，兽头形钩首或残失，尾部饰浮雕兽面纹。平背，圆纽，位于钩背近尾部。

战国时期

长 18.3 厘米

宽体，截面呈弧形，短颈、兽头形钩首。钩
面错金嵌绿松石呈兽面纹。圆纽，位于钩背
近尾部。

70 错金嵌绿松石琵琶形铜带钩

‖ M694：1

战国时期
残长 18.4 厘米

宽体，截面呈弧形，长颈，钩残。钩面错金嵌绿松石至颈上部，呈兽面纹。腹背内凹，圆纽，位于钩背近尾部。

71 错金银嵌绿松石琵琶形铜带钩

‖ M902：1、‖ M887：1、‖ M732：1、
‖ M1073：1

战国时期
‖ M902：1 残长 22.8 厘米
‖ M887：1 残长 21 厘米
‖ M732：1 长 19.6 厘米
‖ M1073：1 残长 19.6 厘米

四件。窄体，截面呈弧形，长颈，兽头形钩首或残失。钩面错金嵌绿松石至颈上部，呈卷云纹，部分绿松石已脱落。圆纽，位于钩背近尾部，部分纽面饰卷云纹。

ⅡM 902：1   ⅡM 887：1   ⅡM 732：1   ⅡM 1073：1

72 | 错金银琵琶形铜带钩

‖ M109：1

战国时期

长 23.5 厘米

宽体，截面略呈梯形，长颈，兽头形钩首。钩面错金银至颈部，呈连续的圆形角菱形纹，交错环绕以勾云纹、卷云纹。圆纽，位于钩背近中部。

74 错银琵琶形铜带钩

ⅡM1231 · 1

战国时期
长 19.7 厘米

宽体，钩面起两棱，截面近梯形，背内凹，短颈，兽头形钩首。钩面错银呈三组放射状涡纹及卷云纹。圆纽，位于钩背近尾部。

73 错金琵琶形铜带钩

ⅡM442：1

战国时期
长 21.5 厘米

宽体，钩面起两棱，截面近梯形，背内凹，长颈，兽头形钩首。钩面以卷云纹及"S"形纹为地，错金至颈上部，呈一龙一凤相互缠绕画面。圆纽，位于钩背近尾部，纽面饰卷云纹。

75 | 错银琵琶形铜带钩

Ⅱ M1457：9、Ⅱ M496：1、Ⅱ M441：1、Ⅱ M338：1

战国时期

Ⅱ M1457：9　长 18.8 厘米

Ⅱ M496：1　残长 18 厘米

Ⅱ M441：1　残长 18.3 厘米

Ⅱ M338：1　残长 18.4 厘米

四件。宽体，截面呈弧形，短颈，宽钩或残失。

Ⅱ M1457：9

钩面错银呈兽面纹。圆纽，
位于钩背近尾部，纽两侧各
有一道铸痕。

Ⅱ M496：1

钩面错银至颈部，形成卷云纹
及涡纹。平背，圆纽，位于钩
背近尾部。

盛乐遗珍
内蒙古和林格尔土城子古城遗址出土文物精品

ⅡM338∶1

钩面错银呈涡纹。圆纽，
位于钩背近尾部。

ⅡM441∶1

钩面错银至颈上部，呈涡
纹。平背，圆纽，位于钩
背近尾部，纽周有铸痕。

Ⅱ M 1628：1
钩面嵌绿松石呈兽面纹，绿松石已脱落。凹背，圆纽，位于钩背近尾部。

Ⅱ M 1754：1
钩面嵌绿松石至颈上部，呈兽面纹，绿松石已脱落。腹背微内凹，圆纽，位于钩背近尾部。

Ⅱ M 438：1
钩面嵌绿松石至颈上部，呈兽面纹，绿松石已脱落。平背，圆纽，位于钩背近尾部。

ⅡM1628：1、ⅡM438：1、ⅡM1754：1、
ⅡM133：1、ⅡM551：1、ⅡM1899：2

战国时期

ⅡM1628：1　残长 16 厘米
ⅡM438：1　长 17.3 厘米
ⅡM1754：1　残长 14.1 厘米
ⅡM133：1　残长 11.8 厘米
ⅡM551：1　长 10.8 厘米
ⅡM1899：2　长 7.9 厘米

六件。宽体，截面呈弧形，长颈，兽头形钩
首或残失。

ⅡM551：1

钩面嵌绿松石呈兽面纹，
绿松石已脱落。平背，圆
纽，位于钩背近尾部，纽
周有铸痕。

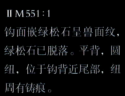

ⅡM133：1

钩面嵌绿松石呈兽面纹。
腹背内凹，圆纽，位于钩
背近尾部。

ⅡM1899：2

钩面嵌绿松石呈兽面纹。
圆纽，位于钩背近尾部。

ⅡM68：2、ⅡM69：1

战国时期

ⅡM68：2　残长 23 厘米

ⅡM69：1　残长 21.3 厘米

两件。宽体，截面呈弧形，长颈，
钩残。钩面嵌绿松石至颈部，呈
兽面纹，绿松石已脱落。背内凹，
圆纽，位于钩背近尾部。

ⅡM69：1

ⅡM68：2

78 | 嵌绿松石琵琶形铜带钩

ⅡM42∶1、ⅡM473∶2、ⅡM274∶1

战国时期

ⅡM42∶1　残长 16.3 厘米

ⅡM473∶2　残长 16.1 厘米

ⅡM274∶1　长 14 厘米

三件。宽体，截面呈弧形，短颈。

ⅡM274∶1

兽头形钩首。钩面错金至
颈部，呈兽面纹。平背，
圆纽，位于钩背近尾部，
纽周内凹。

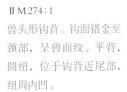

ⅡM42∶1

钩残。钩面错金镶嵌绿
松石呈兽面纹，绿松石
已脱落。背略内凹，圆
纽，位于钩背近中部。

ⅡM473∶2

钩残。钩面满嵌绿松石至颈
上部，呈兽面纹。腹背呈凹
槽，圆纽，位于钩背偏尾部。

79 | **琵琶形铜带钩**
Ⅱ M497：15

战国时期
残长 15.2 厘米

宽体，截面呈弧形，短颈，钩首残。钩面凸起，中部为凹槽状，内饰浮雕卷云纹。圆纽，位于钩背近尾部。

80 | **琵琶形铜带钩**
Ⅱ M757：1

战国时期
长 9.4 厘米

宽体，钩面凸起呈台面状，截面呈梯形，短颈，兽头形钩首。素面。圆纽，位于钩背近中部。

81 琵琶形铜带钩

Ⅱ M779：1、Ⅱ M1072：3、
Ⅱ M721：1、Ⅱ M1468：1

战国时期

Ⅱ M779：1　残长 15.9 厘米
Ⅱ M1072：3　长 14.8 厘米
Ⅱ M721：1　长 11.5 厘米
Ⅱ M1468：1　残长 11.2 厘米

四件。窄体，截面略呈弧形，长颈，兽头形钩首或残失。

Ⅱ M779：1

钩面饰两道凸棱至颈部。
背内凹，圆纽，位于钩
背近尾部，纽周有铸痕。

Ⅱ M1072：3

钩面饰两道凸棱至颈部。
平背，圆纽，位于钩背近
尾部，半圆形纽柱，两侧
各有一道铸痕。

Ⅱ M721：1

钩面饰两道凸棱。圆
纽，位于钩背近尾部，
纽两侧各有一道铸痕。

Ⅱ M1468：1

钩面饰两道凸棱至颈部。
圆纽，位于钩背近尾部，
纽两侧各有一道铸痕。

82 | 长牌形铜带钩

‖ M606：1

战国时期
长 22.6 厘米

圆角长牌形，截面呈弧形，短颈，钩首残。钩面嵌绿松石呈兽面纹。双纽位于钩背两侧。

83 | 长牌形铜带钩

‖ M1217：2

战国时期
长 16.5 厘米

长牌形，截面呈片状，长颈，钩残。钩面饰两排阴线卷云纹。背内凹，圆纽，位于钩背近中部，纽两侧各有一道铸痕。

84 | 嵌绿松石长牌形铜带钩

ⅡM621：1、ⅡM1614：1

战国时期

ⅡM621：1　残长 19.8 厘米

ⅡM1614：1　残长 18.4 厘米

两件。均为长牌形，短颈，钩残。钩面嵌绿松石呈兽面纹。圆纽，位于钩背近尾部。

ⅡM621：1　　　　　　ⅡM1614：1

Ⅱ M207：1 　　　　　　Ⅱ M285：1

盛乐遗珍
内蒙古和林格尔土城子古城遗址出土文物精品

86 ｜ 长条形铜带钩

Ⅱ M754：2、Ⅱ M206：1

战国时期
Ⅱ M754：2　长 14.7 厘米
Ⅱ M206：1　长 12.4 厘米

两件。细长条形，短颈，兽头形小钩。

85 ｜ 错银长条形铜带钩

Ⅱ M207：1、Ⅱ M285：1

战国时期
Ⅱ M207：1　长 13.1 厘米
Ⅱ M285：1　残长 13.1 厘米

两件。均为长条形，中部略宽，短颈，Ⅱ M285：1 钩残。钩面错银呈菱形卷云纹。圆纽，位于钩背近中部。

Ⅱ M754：2

钩面饰三道凸棱至颈部，腹面抹断。平背，圆纽，位于钩背中部，两边磨成直边。

Ⅱ M206：1

钩面饰两道凸棱至颈部。圆纽，位于钩背近中部，略宽于钩体。

87 | 长条形铜带钩

‖ M510：1

战国时期
残长 16.5 厘米

细长条形，截面呈圆形，钩尾呈兽
头形，长颈，颈部饰一道凹箍，钩
残，错银。圆纽，位于钩背近中部。

88 | 曲棒形铜带钩

‖ M1719：1

战国时期
残长 13.9 厘米

细长条形，钩面饰索纹凸箍，钩
尾呈兽头形，之上饰一道凹箍，
颈钩残失，局部鎏金。圆纽，位
于钩背近中部。

ⅡM1301：1   ⅡM330：2   ⅡM1105：1

盛乐遗珍
内蒙古和林格尔土城子古城遗址出土文物精品

89 曲棒形铜带钩

ⅡM1301：1、ⅡM330：2、
ⅡM1105：1、ⅡM1329：1、
ⅡM281：1、ⅡM1490：1、
ⅡM1488：1

战国时期

ⅡM1301：1　残长 13.1 厘米

ⅡM330：2　长 13.2 厘米

ⅡM1105：1　长 11.9 厘米

ⅡM1329：1　长 10.9 厘米

ⅡM281：1　长 10.6 厘米

ⅡM1490：1　长 9 厘米

ⅡM1488：1　长 9.2 厘米

七件。钩体腹部略宽厚，截面呈半圆形
或椭圆形，长颈，兽头形钩首或残失。
圆纽，位于钩背近中部或偏下。

ⅡM1329：1

ⅡM281：1

ⅡM1490：1

ⅡM1488：1

90 | **曲棒形铜带钩**

Ⅱ M631：1

战国时期
长 21 厘米

细长体，腹部略宽，截面呈
半圆形，兽头形钩首。圆纽，
位于钩背近中部。

91 | **曲棒形铜带钩**

Ⅱ M1352：1

战国时期
残长 17.5 厘米

细长体，腹部略宽，两端向背部弯
折，截面呈八棱形，钩残。圆纽，
位于钩背近中部。

92 | 水禽形铜带钩
Ⅱ M879：1

战国时期
长 9.5 厘米

兽头形钩首，长颈，鼓腹，喇叭状尾，截面
呈半圆形。钩面错银至颈部，呈宽带纹，腹
部饰三道凹箍，上饰三个圆圈纹。圆纽，位
于钩背近中部。

93 | 水禽形铜带钩
Ⅱ M88：1

战国时期
残长 5.2 厘米

钩体为一展翅向上的飞鸟，
鸟嘴前出为钩颈，钩残。
通体错银，圆纽，位于飞
鸟腹部。

94 | 水禽形铜带钩

ⅡM267：3、ⅡM1740：1、ⅡM1806：1、
ⅡM523：2、ⅡM455：1、ⅡM92：1、ⅡM1300：1

战国时期

ⅡM267：3　长 10.5 厘米

ⅡM1740：1　长 10.5 厘米

ⅡM1806：1　长 9 厘米

ⅡM523：2　残长 9 厘米

ⅡM455：1　长 7.7 厘米

ⅡM92：1　长 7.3 厘米

ⅡM1300：1　长 4.8 厘米

七件。宽体或窄体，截面呈半圆形，短颈，兽头
形钩首或残失。圆纽，位于钩背中部或近尾部。
ⅡM1740：1钩面错银呈三角纹。

盛乐遗珍
内蒙古和林格尔土城子古城遗址出土文物精品

ⅡM267：3　　　　　　　ⅡM1740：1　　　　　　　ⅡM1806：1

Ⅱ M 523 : 2   Ⅱ M 455 : 1   Ⅱ M 92 : 1   Ⅱ M 1300 : 1

战国时期

95 错金耜形铜带钩

‖ M1128：1

战国时期
长 6.3 厘米

钩体呈半圆形，钩面中部凸起至
颈部，长颈，小钩。圆纽。钩面
和纽面均错金呈卷云纹。

96 错银耜形铜带钩

‖ M1711：1

战国时期
长 9 厘米

钩体呈半圆形，钩面中部起脊，
钩面错银呈几何形卷云纹，根部
有一道凸箍，长颈，小钩。圆纽。

ⅡM1584：1   ⅡM623：2   ⅡM1046：1   ⅡM135：1

97 | **耜形铜带钩**

ⅡM1584：1、ⅡM623：2、
ⅡM1046：1、ⅡM135：1

战国时期

ⅡM1584：1   残长8.7厘米
ⅡM623：2   残长7.8厘米
ⅡM1046：1   残长6.8厘米
ⅡM135：1   残长6.6厘米

四件。钩体呈半圆形，钩面凸起，部分
中间有道凹槽延至颈部，根部较宽，长
颈，钩残。圆纽。

ⅡM265：1   ⅡM1086：1

98 | **兽面形铜带钩**

ⅡM265：1、ⅡM1086：1

战国时期

ⅡM265：1   残长9厘米
ⅡM1086：1   残长7.4厘米

两件。钩体为椭圆形，钩面浮雕兽面纹，
长条形颈，颈根部有一道凹箍，钩残。
背内凹，圆纽，位于背中部。

99 错金琵琶形铁带钩

Ⅱ M412：7、Ⅱ M1303：1

战国时期
Ⅱ M412：7　残长 25.2 厘米
Ⅱ M1303：1　残长 19 厘米

两件。宽体，截面呈弧形，短颈，钩残。圆纽，位于钩背近中部。钩面错金已脱落，锈蚀严重。

盛乐遗珍
内蒙古和林格尔土城子古城遗址出土文物精品

Ⅱ M 1303：1

Ⅱ M 412：7

100 | **人面纹骨带钩**

Ⅳ T4 ②：1

战国时期

长 7.6、宽 1.75、厚 1.1 厘米

骨制，呈琵琶形，横断面为长方形。钩首呈蛇形，
阴线刻出眼、鼻、嘴、耳等；钩面阴刻蕉叶纹、双弦
纹内刻鱼纹，之下刻竖向凹槽，两侧对称阴刻蕉叶
纹、变形鸟纹组成的复合图案。钩面颈部和尾部分
别有一个、两个作镶嵌的小圆凹槽。此带钩形制规
整、打磨光滑、纹饰精美。

101 | 玉带钩

ⅡM2457：6、ⅡM2457：7

战国时期
ⅡM2457：6　长5.6、宽2、厚1厘米
ⅡM2457：7　长4.5、宽1.9、厚0.8厘米

两件。青灰色玉质。钩体弧弯，截面呈方
形，短颈，兽头形钩首。长方形纽位于钩背
近中部。

113

战
国
时
期

II M 2457 : 6

II M 2457 : 7

102 素面铜镜
‖ M1718：2

战国时期
直径 6.7 厘米

圆形，三弦纽。素面。

103 素面铜镜
‖ M464：2

战国时期
直径 12.1 厘米

圆形，单弦纽。素面。

104 | **素面铜柄镜**
Ⅱ M1054：1

战国时期
直径 8.1 厘米

圆形，外接长方形柄。素面。

105 | **素面铜挂镜**
Ⅱ M323：3

战国时期
直径 7.1 厘米

圆形，半圆环形挂纽。素面。

106 **羽状地纹铜镜**

Ⅱ M294：1

战国时期

直径 8 厘米

圆形，四弦纽。双凸弦纹带内满布羽状
地纹。宽素平缘。

107 | **四叶纹镜**

Ⅱ M2457：4

战国时期
直径 9.3 厘米

圆形。三弦纽，方纽座，其外为双线方框。方
框外饰四桃形叶瓣及鸟兽纹，之外饰两周凸弦
纹。素卷缘。此镜较为罕见。

108 | 云纹铜镜

ⅡM2478：1

战国时期
直径 7.8 厘米

圆形。弓形纽，以纽为中心，十字线
纹为轴线饰四组卷云纹，外接一周凸
弦纹。素卷缘，近缘处有圆穿。此镜
极为罕见。

109 弦纹铜镜
‖ M444∶1

战国时期
直径 8 厘米

圆形，单弦纽。纽外饰两周同心
细凸弦纹。素卷缘。

110 铜铃
‖ M185∶1、‖ M185∶2

战国时期
直径 3.2 厘米

两件。呈球形，上下有小条形穿孔，面有
四条竖向锯缝，内含铁丸。

‖ M185∶1   ‖ M185∶2

盛乐遗珍
内蒙古和林格尔土城子古城遗址出土文物精品

111 | 兽形铜璜

Ⅱ M1299：15、Ⅱ M941：1、Ⅱ M984：17

战国时期
Ⅱ M1299：15 高 4.7、长 10.7 厘米
Ⅱ M941：1 高 4.2、长 10.1 厘米
Ⅱ M984：17 高 3.6、长 9 厘米

三件。窄片状，呈三角弧弯形，脊下穿孔，周边
有郭棱。两端为反向兽首形，兽首怒目张口，体
饰卷云纹。首、尾件锈蚀严重，纹饰不清。

Ⅱ M1299：15

Ⅱ M941：1

Ⅱ M984：17

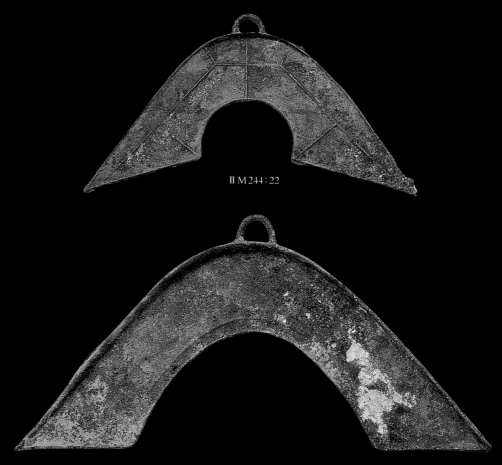

ⅡM244：22

ⅡM199：4

112 | **桥形铜璜**

ⅡM244：22、ⅡM244：60、ⅡM244：40、ⅡM199：4、
ⅡM984：7、ⅡM984：13

战国时期

ⅡM244：22　高 6.1、长 11.2 厘米

ⅡM244：60　高 4.8、长 10.8 厘米

ⅡM244：40　高 4.6、长 9.7 厘米

ⅡM199：4　高 7.8、长 15.9 厘米

ⅡM984：7　高 5.3、长 12.8 厘米

ⅡM984：13　高 3.8、长 9.9 厘米

六件。宽片状，呈三角弧弯形，下沿向内上斜、平沿或下斜，中间呈半圆形，脊下穿孔或脊上有弓形穿，周边有郭棱。体饰几何凸弦纹或卷云纹，部分锈蚀严重，纹饰不清。

圆形，圆孔，钱面有外郭。钱文为阳
刻篆体"蔺"字，背平素。

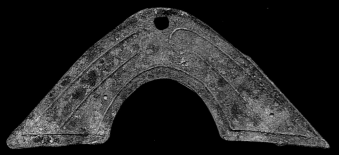

ⅡM244：60

ⅡM244：40

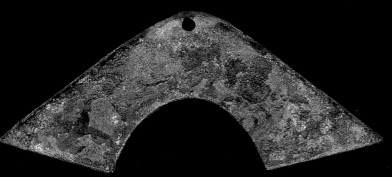

ⅡM984：7

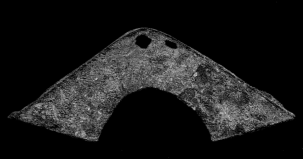

ⅡM984：13

113 | **"蔺"字圜钱**

ⅡM244：11

战国时期
直径 3.8、孔径 0.8 厘米

圆形，圆孔，钱面有外郭。钱文为阳
刻篆体"蔺"字，背平素。

114 铭"莆子"方足布币

Ⅱ M1103：13、Ⅱ M1103：8、Ⅱ M1103：12、Ⅱ M1103：4

战国时期

Ⅱ M1103：13　通长 4.6、肩宽 2.7、裆宽 0.6 厘米，重 6.2 克
Ⅱ M1103：8　通长 4.6、肩宽 2.8、裆宽 0.7 厘米，重 6.2 克
Ⅱ M1103：12　通长 4.4、肩宽 2.5、裆宽 0.6 厘米，重 5.6 克
Ⅱ M1103：4　通长 4.5、肩宽 2.6、裆宽 0.6 厘米，重 5.8 克

四件。平首，平肩，平裆，方足，周边有郭棱。面文篆书
"莆子"。

Ⅱ M 1103：13

Ⅱ M 1103：8

Ⅱ M 1103：12

Ⅱ M 1103：4

ⅡM956：4   ⅡM956：5   ⅡM956：9

115 刀币

ⅡM956：4、ⅡM956：5、ⅡM956：9

战国时期

ⅡM956：4 长 13.8 厘米，重 15 克

ⅡM956：5 残长 12.6 厘米，重 14.4 克

ⅡM956：9 残长 9.1 厘米，重 9.4 克

三件。直背直刃，刀身磬折或弧折，比柄部稍
宽，柄端环形或残失。周边有郭棱，柄部饰数条
凸弦纹。首件面文象形"明"字，背文不详。

116 玛瑙珠

Ⅱ M646 : 2

战国时期
直径 2.2、高 1.8 厘米

红玛瑙，有白色斑块。体近球形，中间穿孔。

117 玉璧

Ⅱ M327 : 4、Ⅱ M1743 : 8、Ⅱ M281 : 3、
Ⅱ M388 : 4、Ⅱ M1234 : 3、Ⅱ M274 : 2

战国时期
Ⅱ M327 : 4　直径 4、孔径 2 厘米
Ⅱ M1743 : 8　直径 3.5、孔径 1.4 厘米
Ⅱ M281 : 3　直径 3.2、孔径 1.1 厘米
Ⅱ M388 : 4　直径 3.5、孔径 1.5 厘米
Ⅱ M1234 : 3　直径 3.7、孔径 1.5 厘米
Ⅱ M274 : 2　直径 3.1、孔径 1.1 厘米

六件。青玉或白玉，有不同程度的灰斑、黄斑或褐斑。圆形，中间有圆孔，截面呈长方形。素面。

Ⅱ M327 : 4

Ⅱ M1743 : 8

Ⅱ M281 : 3

Ⅱ M388 : 4

Ⅱ M1234 : 3

Ⅱ M274 : 2

外缘均有郭棱，两面满饰谷纹。

118 | 玉璧

‖ M1142：2

战国时期
直径 9.7、孔径 3.7 厘米

圆形，中间有圆孔，截面呈长方形。玉璧两侧内
外缘均有郭棱，两面满饰谷纹。

五件。白玉，有不同程度的黄斑或褐斑。圆形，外
缘锐利，截面呈不规则多边形，通体抛光。

Ⅱ M 701：4

Ⅱ M 701：2

119 │ 玉环

Ⅱ M701：4、Ⅱ M701：2、Ⅱ M701：3、
Ⅱ M1208：1、Ⅱ M1208：2

战国时期

Ⅱ M701：4　外径 7.6、内径 5.2 厘米

Ⅱ M701：2　外径 7.1、内径 4.8 厘米

Ⅱ M701：3　外径 6.7、内径 4.5 厘米

Ⅱ M1208：1　外径 8.5、内径 6.2 厘米

Ⅱ M1208：2　外径 8.2、内径 5.8 厘米

五件。白玉，有不同程度的黄斑或褐斑。圆形，外
缘锐利，截面呈不规则多边形，通体抛光。

ⅡM701：3

ⅡM1208：1

ⅡM1208：2

120 灰陶蒜头壶

‖ M1518：1

秦代

高 37、口径 10、腹径 31、底径 18 厘米

泥质灰陶。蒜头形口，尖唇，弧颈，鼓腹，平底。器表涂白衣，绘红彩，多已脱落。

121 灰陶长颈蒜头壶

‖ M1682：2

秦代
高 20.5、口径 4.5、腹径 15.2、底径 9 厘米

夹砂灰陶。蒜头形口，细长颈，扁鼓腹，平底内凹。
蒜头口部饰两周小圆圈纹和戳刺纹，颈部和肩腹部以
三周凹弦纹为间隔，饰刻划三角纹，分别填以压印小
圆圈纹和坑点纹，腹饰两周凹弦纹夹两周坑点纹。

122 **釉陶博山炉**
Ⅱ M21：27

汉代
通高 14、口径 5.5、底径 13.5 厘米

盖与炉以子母口相扣合。盖似博山形，上有四小孔。炉子口内敛，弧腹，圜底；细柄中空，饰一周凸箍；座为浅盘，平沿，平底。土红色胎，施黄绿釉，器底露胎。

123 釉陶鼎

Ⅱ M21：29

汉代

通高 7、口径 7.1、腹径 11.2 厘米

无盖。敛口，鼓腹，圜底，长方形竖
耳，有小方孔，下承三蹄足。土红色
胎，施黄绿釉，足底露胎。

124 釉陶锜

Ⅱ M21：21

汉代

通高 8.5、口径 4、腹径 9.6 厘米

鼎形，小口略外侈，方唇，折肩，弧腹，圜底，
下承三蹄足。肩附半圆形夹耳，耳上有小穿，耳
下附方形空柄，夹耳左侧附一鸟头形短流，流
口两侧有穿孔。土红色胎，施黄绿釉。

125 | **釉陶鋞**

Ⅱ M21：25

汉代

通高 10.4、口径 5.4、底径 5.4 厘米

盖与器身以子母口相扣合。盖为子口，平顶，中心附一半圆环形小纽。身为高筒形，平底，下承三矮蹄足。沿下饰一周凹弦纹，附半圆环形双纽。土红色胎，施黄绿釉，足底露胎。

126 | **釉陶灶**

Ⅱ M21：5

汉代

通高 11、长 18、宽 16.9 厘米

呈船形，灶面微鼓，五火眼置釜，附带三盆二甑。后有圆形烟囱眼，上置短柱状烟囱，顶上有隆接，上有三个三角形镂孔，中空。前置长方形灶门，两侧置有挡风。土红色胎，施黄绿釉，器底露胎。

127 釉陶樽

Ⅱ M21：26

汉代

通高 13、口径 15.9、底径 15.5 厘米

盖与器身以子母口相扣合。盖面微
隆，子口。器身为筒形，平底，下承
三矮蹄足。土红色胎，施黄绿釉，足
底露胎。盖面中心饰双环凹弦纹，外
饰刻划卷云纹。身腹部饰两周凹弦
纹，其间夹饰一周刻划卷云纹。土红
色胎，施黄绿釉，足底露胎。

128 釉陶壶

Ⅱ M21：16

汉代

高 15.3、口径 8.8、腹径 13.6、底径
8.3 厘米

敞口，圆唇，鼓腹，假圈足，平底。
肩部饰两周凹弦纹，中腹部起凸棱。
土红色胎，施黄绿釉，足底露胎。

盛乐遗珍
内蒙古和林格尔土城子古城遗址出土文物精品

129 彩绘陶壶

Ⅱ M1461：2

汉代

高 29、口径 8.5、腹径 19.2、底径 15 厘米

喇叭口，平沿，长弧颈，溜肩，鼓腹，假圈足外撇，
平底。器表涂白衣，以红、黑两色彩绘几何纹、火焰
纹、弦纹、水波纹、卷云纹。

130 | 彩绘陶壶

‖ M944：2

汉代
高 29.2、口径 12.1、腹径 20.4、
底径 10.9 厘米

喇叭口，方唇，细长颈，鼓腹，
平底。颈部以白彩绘一周几何纹，
腹部以上绘白彩卷云纹及圆点纹。

131 | 彩绘盘口陶壶

‖ M753：3

汉代
高 26.3、口径 10.9、腹径 21.6、底径
15.5 厘米

盘口，方唇，弧颈，圆肩，鼓腹，平
底。器表涂白衣，以黑、橙黄两色彩
绘，颈至上腹部绘卷云纹，腹部绘一
周三角纹，近底部有削切痕。

132 | 彩绘陶壶

Ⅰ M30：2

汉代

高 28.7、口径 9.6、腹径 20、
底径 12.1 厘米

侈口，方唇，细长颈，圆肩，
鼓腹，假圈足，平底内凹。器
表涂黑衣，口内涂红彩，器外
以三组红彩双弦纹分成上下两
区，中、下两层双弦纹间填白
彩宽带纹，上区绘红彩三角
纹，填以红彩火焰纹，下区绘
红彩卷云纹与火焰纹。

139

汉
代

133 | 灰陶壶

‖ M19：4

汉代

高 40、口径 18、腹径 33.6、底径 20 厘米

敞口，方唇，束颈，鼓腹，对称附贴兽面纹
铺首，高假圈足外撇，平底。颈、腹部各饰
一周凹弦纹，肩部饰一周宽带纹，下腹有削
切痕。

盛乐遗珍

内蒙古和林格尔土城子古城遗址出土文物精品·

134 | **灰陶壶**

‖ M1249：6

汉代
高 33、口径 16.3、腹径 27.6、底径 16 厘米

敞口，方唇，粗颈，圆鼓腹，假圈足，平底。肩部饰一周
宽带纹，腹部对称附贴兽面纹铺首并涂朱。

盛乐遗珍
内蒙古和林格尔土城子古城遗址出土文物精品

135 灰陶长颈壶

‖ M1543：3

汉代

高 22.5、口径 10、腹径 14.4、底径 10 厘米

喇叭口，宽平唇，细长颈，圆鼓腹，假圈足，
平底。

136 | 灰陶灶

Ⅳ M32：1

汉代
通高 30.9、长 38.7、宽 27 厘米

平面呈船形，灶面稍作弧形，三火眼呈"品"字形，上各置一釜，附带二盆一甑。后有圆形烟囱眼，上置粗柱状烟囱，中空，烟囱顶上有两隆接，饰两层三角形镂孔。前置长方形灶门，两侧置有挡风，无底。

137 | 铭"日入千户车马"灰陶高领罐

‖ M877：1

汉代

高 20.4、口径 10、腹径 20.4、底径 11.2 厘米

侈口，圆唇，高领，鼓腹，平底。素面，上腹部饰凸弦纹一周，肩部以"∣∣"为首，竖排阴刻"日入 千户 车马"六字。

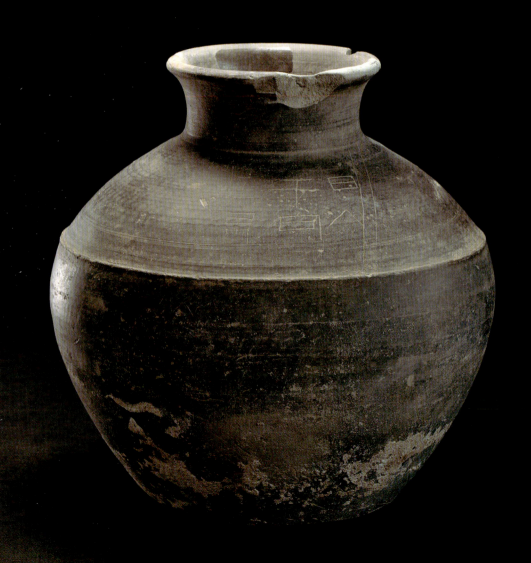

138 | 灰陶罐

‖ M6：3

汉代
高 18.3、口 径 14.5、腹 径 28.2、底径 14.5 厘米

直口微侈，方唇，矮领，鼓腹，平底。肩部饰暗弦纹，腹部饰一周压印纹。

139 | 灰陶大底罐

‖ M10：4

汉代
高 24.6、口径 14、腹径 30.6、底径 27.5 厘米

直口微敛，宽平沿，矮领，溜肩，半球形腹，大平底内凹。腹部饰一周压印纹，下腹有削切痕。

140 | 灰陶大口罐

Ⅱ M19：2

汉代

高 30、口径 20、腹径 35.2、底径 17 厘米

直口，圆唇，矮领，折肩，上腹较直，下腹斜收，平底内凹。肩部饰暗弦纹，上腹部饰数周紧密的凹弦纹，下腹部饰弦断绳纹，近底处有削切痕。

141 | 灰陶大口罐

‖ M1141∶3

汉代
高 22.9、口径 23、腹径 30、底径 18 厘米

侈口，束颈，鼓腹，平底。上腹部饰两周刻
划弦纹，夹一周水波纹。

142 灰陶博山炉

Ⅳ M2：5

汉代

通高 15、口径 5.8、腹径 8.8、底径 11.5 厘米

盖与炉身以子母口相扣合。盖呈博山形，上有五个小圆孔。炉为子口，深腹，腹部饰凸弦纹；细柄中空，饰有凸箍；浅盘式座，平沿略外撇，平底，盘内饰一周凸弦纹。

Ⅱ M11：26

汉代

高 15、长 19.5 厘米

呈卧鸭形，尾部为圆柱形口，鸭嘴衔
尾，颈部为柄，虎子腹部以刻划网格纹
和浅浮雕方式表现鸭子的躯体，平底，
中空。

144 | 灰陶井

‖ M1174 : 1

汉代
高 19.3、口径 6、底径 15.2 厘米

井体呈圆柱状，井口出沿，井架为半
球形，上部有圆口，两侧有椭圆形口，
平底。井架饰数周凸弦纹。

146 灰陶盒

‖ M1174：5

汉代
通高 17.4、长 27.6、宽 16 厘米

盖为长方形，盝顶。盒为长方形，
盒身可全部套入盖内。

145 灰陶魁

‖ M1174：4

汉代
高 9.2、口径 16、底径 10 厘米

近方形，深腹，平底内凹。器身
一侧附鸟首状弯柄。

ⅡM1511:4   ⅡM1511:26

147 石斗
ⅡM1511:4、ⅡM1511:26

汉代
高 3.6、口径 9.2、腹径 9.6、底径 6.8 厘米

两件。砂岩。微敛口，方唇，深弧腹，平底。口
沿外饰一周凹弦纹，腹一侧饰兽首桥耳。

148 | 石砚

Ⅰ M61：3、Ⅰ M11：3

汉代

Ⅰ M61：3 砚：长 12.2、宽 5.2、厚 0.8 厘米
　　　　研：边长 3.2、厚 2.3 厘米
Ⅰ M11：3 砚：长 15.1、宽 5.8、厚 0.6 厘米
　　　　研：边长 2.9、厚 1 厘米

两件。均为灰色石质，由砚和研磨器组成。
砚呈长方形，面略大于背，砚面光滑。两件
研不同。

Ⅰ M61：3
研呈方形，圆柱形柄，
上雕兽面，涂朱。

Ⅰ M11：3
研呈方形，面略大于背。

盛乐遗珍 内蒙古和林格尔土城子古城遗址出土文物精品

149 **铜鋁镂**

| M6：1

汉代

通高 18.2、口径 9.6、腹径 15.4 厘米

盖与器身以子母口相扣合。提梁两端作龙首状，龙首各衔两节 "8" 字形环，与器身口部的衔环相连接。盖为覆盆式，平顶，深弧腹，盖面饰蟠螭纹和三枚小禽兽纽。器身子口，内折沿，鼓腹，圜底，下承三兽形蹄足。

150 铭"日利"铜锺

‖ M1511∶1

汉代

高 45.2、口径 18、腹径 37、底径 22.2 厘米

无盖。敞口，方唇，长弧颈，鼓腹，高圈足。口沿外、肩部、中腹及下腹部各附贴一周宽带纹，肩部饰对称兽面纹铺首衔环，圈足内有篆书铭文"日利"二字。

placeholder2

p3

p4

p5

p6

p7

p8

p9

150 铭"日利"铜锺

‖ M1511∶1

汉代

高 45.2、口径 18、腹径 37、底径 22.2 厘米

无盖。敞口，方唇，长弧颈，鼓腹，高圈足。口沿外、肩部、中腹及下腹部各附贴一周宽带纹，肩部饰对称兽面纹铺首衔环，圈足内有篆书铭文"日利"二字。

158

盛乐遗珍
内蒙古和林格尔土城子古城遗址出土文物精品

汉代

通高 35.5、口径 13.6、腹径 28.8、
底径 17.6 厘米

盖与器身以子母口相扣合。盖子口，
盖面隆起，呈伞状，顶中部有鼻，
鼻中有环。锺敞口，方唇，弧颈，
鼓腹，圈足。口沿外、肩部、中腹及
下腹部各附贴一周宽带纹，肩部饰
对称兽面纹铺首衔环，环已残损。

152 铜甗

‖ M1511：5

汉代

通高 15.6、口径 11.7、腹径 10.4、底径 5.4 厘米

由甑和罐组成。甑作盆状，敞口，斜折沿，弧鼓
腹，圈足，平底有圆形穿孔。沿下饰对称兽面纹铺
首衔环。罐直口微敛，矮领，球形腹，平底。肩部
饰对称兽面纹铺首衔环。腹部饰一周凸棱。

153 **铜扁壶**

‖ M1561∶3

汉代

高 25.4、口径 7.6、腹宽 30.6、腹厚 10.6、
底长径 16.4、底短径 8 厘米

直口，方唇，椭圆形扁腹，长方形圈足微
外撇。口外附贴一周宽带纹，腹部沿弧棱
边饰凹宽带纹，肩部饰对称半圆形穿耳，
一侧已残。

154 | 铜扁壶

汉代

高 26.8、口径 7.8、腹宽 31.2、腹厚 14、底长径
16、底短径 7.8 厘米

直口微侈，方唇，唇内侧已残损，椭圆形扁腹，
长方形圈足。口外附贴一周宽带纹，上腹部附贴
对称兽面纹铺首衔环，一侧环已脱落。

155 铭"杨千斤金"铜熏炉

‖ M1511：3

汉代

通高 16.6、口径 7.5、腹径 12.5、底径 10.1
厘米

盖与炉体以子母口相扣合。盖面高隆，镂孔
成蟠螭纹。炉子口，敛口，深腹，圜底，矮
实柄下接饼状圈足底座。座底有阳刻左旋读
篆书铭文"杨千斤金"四字。

156 铜鋞

‖ M1561：6

汉代

通高 25.2、口径 10、底径 10 厘米

器体呈高筒形，平底，下接三个兽面形
矮蹄足。顶面隆起，中部有鼻，鼻中有
孔。提梁两端作龙首状，龙首各衔两个
"8" 字形环与器身的兽面纹铺首衔环相连
接，一端已残失。口外附贴一周宽带纹。

盛乐遗珍
内蒙古和林格尔土城子古城遗址出土文物精品

器身似铜，直口，卷沿，深弧腹，矮圈足，下附三叉腰站立人形足。腹部饰一周宽带纹，并饰对称兽面纹铺首衔环。

158 | 铜钙

| M29：1

汉代
高 12、口径 27.4、底径 14.5 厘米

微敛口，卷沿，深弧腹，矮圈足。腹部饰四周
凸弦纹，其间饰对称兽面纹铺首。

159 | 铜盆

M1035：1

汉代
高 7.2、口径 24.3、底径 10.5 厘米

敞口，平折沿，尖唇，斜弧腹，
平底。

160 鎏金铜铺首衔环

ⅣM3：13、ⅣM3：30、ⅡM1511：8 、ⅡM21：2

汉代

Ⅳ M3：13、Ⅳ M3：30　通高 5.7、兽面宽 4.1、环径 2.6 厘米

Ⅱ M1511：8　通高 6.7、兽面宽 4.4、环径 3.8 厘米

Ⅱ M21：2　通高 4.5、兽面宽 3、环径 1.8 厘米

四件。鎏金浮雕兽面，竖眉立目，额作"山"字形，双耳外撇，鼻回
钩，下衔一环，铺首背面有一长条形榫，榫端有小穿孔。

ⅣM3：13

ⅣM3：30

ⅡM1511：8

ⅡM21：2

ⅡM31：9   ⅡM316：6   ⅣM35：15   ⅠM61：7

161　**铜刷柄**

ⅡM31：9、ⅡM316：6、ⅣM35：15、ⅠM61：7

汉代

ⅡM31：9　　长 13 厘米

ⅡM316：6　长 13.1 厘米

ⅣM35：15　长 12.6 厘米

ⅠM61：7　　长 11.4 厘米

四件。形如烟斗，首、尾件通体鎏金，细长实柄，尾端渐细或略弯折呈鸭首状，有小穿。

162 长条形带钩

ⅡM974：1

汉代

长 13.1 厘米

窄条形，中部略宽，钩首、钩
尾皆呈兽头形，长颈。腹部、
颈部各饰凸箍。圆纽，位于钩
背中部。

163 水禽形铜带钩

ⅡM16：1

汉代

长 13.3 厘米

截面呈半圆形，兽头形钩首，
长颈。素面。圆纽，位于钩
背近中部。

164 水禽形铜带钩

Ⅱ M1561：1

汉代

残长 10.2 厘米

截面呈片状，钩面浮雕呈鸟形，爹尾，嘴部前出作钩颈，根部有一道凹箍，钩首残，腹背内凹。圆纽，边略残，位于钩背中部。

165 铜铃

Ⅱ M19：16、Ⅱ M19：22、Ⅱ M19：15、Ⅱ M19：24、Ⅱ M1087：6、Ⅱ M19：19

汉代

Ⅱ M19：16　高 5.4、宽 3.4 ~ 5.3 厘米

Ⅱ M19：22　高 5.5、宽 3.6 ~ 5.8 厘米

Ⅱ M19：15　高 4.4、宽 2.8 ~ 4.2 厘米

Ⅱ M19：24　高 4.2、宽 2.2 ~ 3.8 厘米

Ⅱ M1087：6　高 4.4、宽 2 ~ 2.6 厘米

Ⅱ M19：19　高 4、宽 2.1 ~ 2.9 厘米

六件。均呈梯形。

Ⅱ M 19：16

菱形口，平顶，弓形纽，铃舌
残。铃体中部铸宽带纹，两侧铸
菱形纹，内饰浮点纹。

Ⅱ M 19：22

菱形口，平顶，弓形纽，三棱形铃
舌。铃体铸菱形纹，内饰浮点纹。

Ⅱ M 19：15

菱形口，平顶，半圆环形纽，铃
舌残。素面。

Ⅱ M 19：24

菱形口，平顶，弓形纽，铁条形
铃舌。铃体铸菱形纹，内饰浮点
纹，周边有郭棱。

Ⅱ M 1087：6

菱形口，平顶，弓形纽，条形
铃舌。铃体铸菱形纹，内饰浮点
纹，周边有郭棱。

Ⅱ M 19：19

椭圆形口，平顶，半圆环形纽，
铃舌残。铃体中部菱形纹内饰云
纹，两侧菱形纹内饰浮点纹。

166 | **四乳草叶纹镜**

Ⅱ M1035：4

汉代

直径 13.7 厘米

圆形。圆纽，柿蒂纹纽座。纽座外两方框间有篆体铭文
作四方连续排列，右旋读为"见日之光，长乐未央"。外
框四角各伸出一株双叶花枝，边框外居中均饰带座乳钉
和桃形花苞，乳钉两侧对称饰二叠草叶纹。内向十六连
弧纹缘。

167 草叶纹镜

‖ M1744∶1

汉代
直径 7 厘米

圆形。圆纽，圆纽座。纽座外四枚带座小乳钉间
饰以四组草叶纹，每组六叶，呈"八"字形，其
外饰两周凸弦纹和一周栉齿纹。三角锯齿纹缘。
此镜较为少见。

168 | 星云纹镜

Ⅱ M1561：2

汉代

直径 10.2 厘米

圆形。连峰纽，圆纽座。纽座外饰内
向十六连弧纹，其外两周凸弦纹圈带
内为主题纹饰，以四枚带座乳钉相间
饰四组星云纹，每组六个小乳钉以曲
线相连，因其形状似天文星象，故有
星云之名。内向十六连弧纹缘。

169 **"日光"铭文镜**

| M55：4

汉代
直径 6.8 厘米

圆形。圆纽，圆纽座。纽座外相
间饰四条短竖线与四组三线纹，
其外两周弦纹夹栉齿纹圈带间环
列铭文"见日之光，天下大明"，
字间依次间隔"◑"与"卐"符。
宽素平缘。

170 "日光"连弧纹镜

Ⅳ M31：12

汉代
直径 8 厘米

圆形。圆纽，圆纽座。纽座外放射四条对称排列的短线纹，外端连接一周内向八连弧纹。两周凸弦纹、栉齿纹圈带间为篆体铭文带"见日之光，长毋相忘"，字间依次以"☽"和"卐"相隔。宽素平缘。

171 | "昭明"连弧纹镜

Ⅰ **M34:1**

汉代

直径 8.3 厘米

圆形。圆纽,圆纽座。纽座外伸出八条短线纹连接
两周凸弦纹。两周栉齿纹圈带将镜背分为内外区,
内区饰内向八连弧纹,连弧间夹饰弧线纹和三角纹,
外区饰篆体铭文带"内而,清而,以而,昭而,明
光而,象夫日月,而不泄"。窄素缘。

182

盛乐遗珍

内蒙古和林格尔土城子古城遗址出土文物精品

172 "昭明"连弧纹镜

Ⅱ M18：10

汉代
直径 7.1 厘米

圆形。圆纽，圆纽座。纽座外短弧线与短竖线相间连接一周凸弦纹。两周栉齿纹圈带将镜背分为内外区，内区为内向八连弧纹，连弧间饰三角纹与弧线纹，外区饰篆体铭文带"内而，清而，以而，昭而，明而，光而，象日月，而不泄"。窄素缘。

"昭明"连弧纹镜

Ⅰ M61：4

汉代
直径 11.9 厘米

圆形。圆纽，圆纽座。纽座外以四组短竖三线
纹接一周凸棱。两周栉齿纹圈带将镜背分为内
外区，内区饰内向八连弧纹，连弧间用短线纹
连接；外区为铭文带"内而，青（清）而，以日
而，明光而，象夫而，兮而，日之月而，□□
泄"。宽素平缘。

174 | **"昭明"连弧纹镜**
Ⅱ M130∶1

汉代
直径 8.5 厘米

圆形。圆纽，圆纽座。纽座外短弧线与短竖线相
间连接一周凸棱。两周栉齿纹圈带将镜背分为
内外区，内区为内向八连弧纹，连弧间饰短弧
线和三叉纹，外区环列篆体铭文"内而，清而，
以而，昭而，明而，光而，象夫日月，而心不
泄"。窄素缘。

"昭明"连弧纹镜

Ⅱ M150：1

汉代

直径 9.4 厘米

圆形。圆纽，圆纽座。纽座外四条短弧线与四组短竖
三线纹相间连接内向十二连弧纹，其外两周凸弦纹、栉
齿纹圈带间为篆体铭文带，右旋读为"内而，清而，以
而，昭而，明而，光而，象而，夫而，日月"，首尾以
"－"相隔。宽素平缘。

176 **"昭明"连弧纹镜**

IV M54：5

汉代

直径 11.8 厘米

圆形。圆纽，并蒂联珠纹纽座。纽座外接四条短竖线与
四组三线纹，短竖线与三线纹对称相间，且外端连接一
周凸棱。内区饰一周内向八连弧纹，"☉"与"⊞"相间
于连弧纹间。外区两周凸弦纹、栉齿纹间饰篆体铭文带
"内清而，之以而，昭明而，光而，象夫日月，而心忽
忠塞，而不泄"，首尾以"十"相隔。窄素缘。

177 "日有熹"连弧纹镜

Ⅳ M53：1

汉代

直径 8.3 厘米

圆形。圆纽，圆纽座。纽座外为内向十二连弧
纹，连弧间饰"e"与短弧线等几何纹。其外两周
凸弦纹、栉齿纹圈带间为篆体铭文带"日有熹，
月有富，乐毋事，常得意，美人"。宽素平缘。

178 | **"日光、昭明"重圈铭文镜**

Ⅱ M986：1

汉代

直径 9.8 厘米

圆形。圆纽，并蒂联珠纹纽座。纽座外两周凸棱和一周栉齿纹圈带将镜背分为两区，均环列铭文，内区为"见日之光，长毋相忘"，字间依次以"◠"和"◕"相隔；外区为"内清质以昭明，光象夫日月，心忽而雍塞不泄"。宽素平缘。

179　**"日光、君有行"重圈铭文镜**

Ⅳ M54：13

汉代

直径 11.3 厘米

圆形。圆纽，并蒂联珠纹纽座。纽座外两周凸棱接两周栉齿纹圈带将镜背分为两区，均环列篆体铭文，内区为"见日之光，长毋相忘"，字间以"❺"相隔；外区为"君行有日反有时，端心政行如妾在。时心不端行不政，妾亦为之，君能何治"。宽素平缘。

180 "昭明、清白"重圈铭文镜

Ⅱ M1511：2

汉代

直径 15.4 厘米

圆形。圆纽，并蒂联珠纹纽座。纽座外以两组弦纹、栉齿纹夹凸棱圈带为界将镜背分为两区，均环列篆体铭文。内区铭文为"内清质以昭明，光辉象夫日月，心忽扬而愿，然雍塞而不泄"，外区铭文为"絜（洁）清白而事君，怨（患）沄骧（欢）之弃（合）明。彼玄锡之流泽，恐远而日忘。怀糜（靡）美之穷皑，外丞（承）骧之可说（悦）。慕窲佻之灵景，愿永思而毋绝"，首尾以两小乳钉相隔。宽素平缘。

181 | 龙纹镜

Ⅱ M98：2

汉代

直径 7.6 厘米

圆形。圆纽，圆纽座。双凸弦纹圈带内环饰四条龙纹，近缘处饰一周栉齿纹。三角锯齿纹缘。此镜较为少见。

盛乐遗珍
内蒙古和林格尔土城子古城遗址出土文物精品

182 四乳四虺镜

Ι M50：4

汉代

直径 6.8 厘米

圆形。圆纽，圆纽座。座周以短竖三
线纹和单线纹相间连接两周凸弦纹，
其外以四枚带座乳钉为界分为四区，
四虺相间环绕，虺纹呈"🝆"形，腹、
背以禽鸟纹补白。宽素平缘。

183 四乳禽兽镜

Ⅳ M14：1

汉代

直径 12.2 厘米

圆形。圆纽，圆纽座。座周以短弧线和三线竖纹
相间连接一周凸棱，其外两周弦纹、栉齿纹圈带
内以四枚带座乳钉为间隔，分饰羽人与龙、白虎
与鸟、龙与鸟和白虎与小草。宽素平缘。

184 | 禽兽博局纹镜

IV M40：1

汉代

直径 10 厘米

圆形。圆纽，柿蒂纹纽座。纽座外凹面方框
和凸弦纹、栉齿纹圈带间以四乳钉和博局纹将
镜背分为四区，分别饰一凤一兽二虎，均昂
首穿越于"T"与"L"纹之间，动感十足。镜
缘中凹，内饰双线波折纹间隔珠点纹。

185 灰陶壶

IV H59 : 2

代—北魏

高 30.6、口径 12.8、腹径 22.8、底径 13.2 厘米

细泥灰陶，模制。浅盘口，方唇，细颈，圆肩，鼓腹，平底。素面，肩腹部饰三周压印弦纹。

186 | 灰陶壶

‖ M1245：1

代—北魏
残高 22.2、腹径 15.6、底径 9.2 厘米

口残，细颈，溜肩，卵形腹，平底。肩部饰三周压印叶脉纹。

187 | 灰陶瓶

ⅣH59：3、ⅣH72：1

代—北魏

ⅣH59：3　高53、口径16.4、
腹径26.6、底径14厘米

ⅣH72：1　高47、口径13.5、
腹径20.8、底径10.6厘米

两件。细泥灰陶，手制。喇叭口，尖圆唇，沿面有凹槽，细颈，溜肩，长弧腹，平底。器表饰纵向的压光暗纹，肩腹部饰两周压印纹，内壁口部与器身结合处留有手捏痕迹。

ⅣH59：3

ⅣH72:1

188 灰陶瓶

‖ M1761：1

代—北魏
高 30、口径 14.4、腹径 16.4、
底径 10.5 厘米

敞口，斜折沿，圆唇，束颈，
溜肩，长腹，平底。素面。

189 | **灰陶瓶**

‖ M1761：2

代—北魏
高 43.5、口径 13、腹径 18.4、底径 12.3 厘米

浅盘口，圆唇，弧颈，溜肩，长腹，平底。
肩部饰一周凹弦纹。

190 | **灰陶罐**

Ⅱ M700∶1

代—北魏

高 23、口径 13.2、腹径 20.4、底径 11.1 厘米

侈口，平沿，内缘有一周凹槽，圆肩，鼓腹，
平底。肩部饰一周压印几何纹。

191 | **黑陶罐**
Ⅳ H30：3

代—北魏
高 39.6、口径 18、腹径 33.6、底径 18.6 厘米

泥质黑陶。敛口，方唇，宽平沿略内斜，沿面上有两周凹槽，弧鼓腹，平底。素面，肩部有三处划痕。形体厚重，不甚规整，内壁有泥条盘筑的痕迹。

192 | **灰陶碗**

Ⅱ M1761：3

代—北魏
高 7.9、口径 13、底径 6.5 厘米

敞口，圆唇，深曲腹，假圈足，平底内
凹。下腹部饰两周凹弦纹。

193 | **灰陶盆**

Ⅳ H30：2

代—北魏
高 17.6、口径 36.8、底径 16.5 厘米

泥质灰陶，轮制。敞口，宽平沿，沿
面外缘有一周凹槽，内缘起凸棱，斜
直腹较深，平底。外壁素面，内壁及
口部可见轮制弦痕。

194 | 角抵纹瓦当

代—北魏
直径 12.2、厚 1.8 厘米

残。浮雕，窄边轮。以单环联珠纹为界，将当面划分为
内外区。内区以网格纹为地，正中浮雕两个胖小儿在摔
跤，右边小儿抱住左边小儿的头部用力往下压，而被压
小儿则弯腰抱住对方的一条腿，双方正处于难分胜负的
相持之中，其造型和姿势活泼有趣；外区饰蔓草纹。

195 莲花纹瓦当
Ⅲ T17 ③：2

代—北魏
直径 15.4、厚 1.3 厘米

圆形，浅浮雕，斜宽边轮。当心饰凸起圆乳钉，
与一周联珠纹共同形成花蕊，外饰六瓣莲花，
莲花为双瓣，边缘环绕一周联珠纹及凸弦纹。

196 神兽纹砖雕

代—北魏
长 29、宽 25、厚 4 厘米

长方形，浅浮雕。以单环圈为界，将砖面划
分为内外区。内区上方雕塑日出祥云纹，下
方雕塑一腾飞的神兽纹；外区扁平素面。

197 三彩注壶

‖ F1：19

唐代
高 12.8、口径 5.6、腹径 10.4、底径 6.8 厘米

敞口，圆唇，束颈，圆肩，垂腹，短直流，颈肩之间附贴双泥条形执柄，饼足。白灰色胎，施黄、绿、赭三彩釉。下腹饰一周凹弦纹。

三彩注壶

‖ M1164：5

唐代
高 16.6、口径 6.6、腹径 12、底径 8 厘米

敞口，圆唇，束颈，垂腹，流残，颈肩之
间附贴双泥条形执柄，饼足。白胎泛黄，
涂白色化妆土，施黄、绿、赭三彩釉。先施
黄釉，后施绿釉和赭色釉，釉色相互交融，
绿釉自然向下流淌。注口施釉，足底露胎。
肩、腹部各饰数周凹弦纹。

199 | 三彩香炉

ⅡM750：1

唐代
通高 9、口径 8.8、腹径 12.6 厘米

斜折沿，圆唇，斜肩，直腹微收，平底，附三矮兽蹄足。浅黄色胎，涂白色化妆土，施黄、绿、赭三彩釉，有冰裂纹和窑粘，足底露胎。肩部饰一周凹弦纹，通体饰席纹。

200 │ 三彩盒

‖ M1148：3

唐代
通高 3.4、直径 8.2 厘米

盒呈扁圆形，盖与盒以子母口相扣合。盖面微隆，
呈盝顶形。盒身子口，圆唇，直腹，平底。白黄色
胎，盖心以绿釉绘方形，四角向外延伸，以赭色三
角块状拼接，余处补以黄色釉。盒身施黄釉，子口
与器底露胎。

Ⅱ T16 ②：3   Ⅱ F1：209   Ⅱ H1：4

201 │ 三彩玩偶

Ⅱ T16 ②：3、Ⅱ F1：209、Ⅱ H1：4

唐代
三彩猴　Ⅱ T16 ②：3　通高 7.5、底座长 5.4、底座宽 3.4 厘米
三彩骆驼　Ⅱ F1：209　高 6、长 4 厘米
三彩狗　Ⅱ H1：4　残高 4.6、长 3.5 厘米

三件。均为白灰色胎，施黄、绿、赭三彩釉，底座或腹下露胎。猴
蹲踞于长方形底座上，圆眼，高鼻梁，左手抱一小猴，右手吃食。
骆驼和小狗呈昂首站立状。小狗尾巴和一后蹄残损。

202 | 白釉褐彩玩偶

Ⅱ J14：12

唐代
高 5.6、长 4.4 厘米

为"马上封侯"。马呈站立状，马首向前作用力状，竖耳、短尾，背上骑一猴。土红色胎，涂白色化妆土，施白釉，釉色泛灰，饰褐色点彩，有铁质斑点和窑粘，下半身露胎。

203 | 白釉注壶

‖ F1：194

唐代
高 8.8、口径 3.6、腹径 6.4、底径 4 厘米

侈口，圆唇，束颈，圆肩，弧腹，短直流，颈肩之间附贴双泥条形执柄，饼足。白灰胎，涂白色化妆土，施白釉，口部刮釉，有芒，有冰裂纹和窑粘，下腹露胎。

204 | 白釉注壶

‖ M242：12

唐代
高 10.8、口径 4.6、腹径 8、底径 4.4 厘米

喇叭口，圆唇，束颈，丰肩，鼓腹，直流，颈肩之间附贴双泥条形执柄，饼足。白灰胎，涂白色化妆土，施白釉，口部刮釉，有芒，有铁质斑点，下腹露胎。

205 | 白釉注壶

ⅡM1661：2

唐代

高 16.8、口径 6.4、腹径 13.2、底径 7.6 厘米

喇叭口，圆卷唇，束颈，垂腹，短直流，颈肩之间附贴双泥条形执柄，玉璧形底。白胎坚致，涂白色化妆土，施白釉，釉色泛黄，有铁质斑点，下腹露胎。

206 | 白釉注壶

Ⅱ M1164：3

唐代
高 23、口径 8.4、腹径 12.6、底径 7.8 厘米

侈口，圆唇，束颈，圆肩，长腹，直流，颈肩
之间附贴双泥条形执柄，饼足。土黄色胎，涂
白色化妆土，施白釉，釉色泛青，有铁质斑点，
下腹露胎。

207 **青釉注壶**

‖ M991：14

唐代
高 20.4、口径 8.4、腹径 13.2、底径 7.7 厘米

喇叭口，圆卷唇，束颈，圆肩，鼓腹，短直流，执
柄残失，饼足。灰白胎，施青釉，下腹露胎。肩部
饰三周凹弦纹，腹部饰席纹。

绿釉注壶

Ⅱ M844：4

唐代

高 12.8、口径 5.8、腹径 8.8、底径 6.4 厘米

喇叭口，圆唇，束颈，垂腹，短直流，颈肩之间附
贴双泥条形执柄，饼足。白胎泛黄，涂白色化妆土，
施绿釉，釉色较深，注口施釉，有蜡泪痕和窑粘，
圈足露胎。肩部饰四周凹弦纹，通体饰席纹。

209 白釉褐彩壶

‖ J13：14

唐代

高 8.2、口径 3.6、腹径 6、底径 4 厘米

喇叭口，圆卷唇，束颈，圆肩，弧腹，饼足略内凹。白灰胎，涂白色化妆土，施白釉，釉色泛灰，上腹部饰褐色点彩，有窑粘，下腹露胎。

210 酱釉壶

‖ F1：193

唐代

高 9.8、口径 3.6、腹径 7.6、底径 4 厘米

盘口，厚圆唇，细短颈，圆肩，鼓腹，饼足略内凹。白灰胎较细，施酱釉，有气孔，口部刮釉，有芒，有窑粘，下腹露胎。

211 | 茶叶末釉壶

‖ F1：226

唐代
高 16.4、口径 6.4、腹径 12、底径 6.4 厘米

盘口，尖唇，唇下有凹槽，细短颈，丰肩，弧鼓腹，饼足略内凹。白灰胎较细，施茶叶末釉，口部刮釉，有芒，下腹露胎。

212 白釉鸡心罐

‖ F1：192

唐代

高 7.4、口径 4.6、腹径 8.4、底径 4.4 厘米

敛口，圆唇，溜肩，垂腹，饼足略内凹。白灰胎，涂白色化妆土，施白釉，釉色泛黄，有蜡泪痕和窑粘，下腹露胎。

213 白釉罐

‖ M976：2

唐代

高 7、口径 5.8、腹径 9.6、底径 5 厘米

圆卷唇，矮领，鼓腹，饼足。白胎，施白釉，釉色泛青，足底露胎。

214　白釉小罐

Ⅱ J8：8

唐代
高 4.4、口径 3.4、腹径 5.8、底径 2.8 厘米

侈口，圆卷唇，扁圆腹，高饼足略内凹。白灰胎，涂白色化妆土，施白釉，有蜡泪痕和铁质斑点，近底部露胎。

215　白釉褐彩罐

Ⅱ M1893：1

唐代
高 8.4、口径 8.4、腹径 11.8、底径 6.8 厘米

侈口，圆唇，圆肩，鼓腹，饼足。白黄色胎，涂白色化妆土，施白釉，釉色泛青，肩饰褐色点彩，下腹露胎。

216 | 绿釉罐

‖ M844：6

唐代
高 6.8、口径 3.2、腹径 5.8、底径 3.6 厘米

圆卷唇，矮领，鼓腹，平底。白胎泛黄，涂白色化妆土，施绿釉，有冰裂纹和铁质斑点，下腹露胎。

217 | 绿釉提梁罐

‖ M844：12

唐代
通高 4.6、口径 4、腹径 5、底径 2.5 厘米

敛口，圆唇，溜肩，双泥条绳索形提梁，鼓腹，小平底。白胎泛黄，涂白色化妆土，施绿釉，有蜡泪痕和铁质斑点，下腹露胎。

218 | **白釉褐斑碗**

Ⅱ T4④：1

唐代
高 4.6、口径 14.4、底径 7.2 厘米

敞口，圆唇，斜腹，玉璧形底。细白胎，胎体厚重，施白釉，有冰裂纹和窑粘，口部有裂痕，内底有三个支钉痕。

219 | **白釉碗**

Ⅱ J3：5

唐代
高 4.5、口径 15、底径 6.2 厘米

敞口，圆卷唇，斜腹微弧，玉璧形底。白胎细洁，施白釉，釉色光润。河北邢窑烧造。

220 白釉花口碗

IV M26：1

唐代

高 4.8、口径 13.2、底径 5.6 厘米

花口，斜弧腹，环形圈足。白胎细洁，
施白釉，釉色莹润，足壁露胎。

221 白釉碗

Ⅱ M1242：3

唐代
高 4.2、口径 14.5、底径 6.6 厘米

敞口，圆唇，斜腹，环形圈足。白胎
细洁、坚致，施白釉，釉色莹润光洁，
足壁露胎，质量上乘。

222 | 白釉碗

IV M41 : 2

唐代
高 4、口径 13.2、底径 5.2 厘米

敞口，圆卷唇，斜腹，玉璧形底。器
形不甚规整。白胎细洁，施白釉，有
蜡泪痕，足壁露胎。

224 | **青釉钵**

‖ J13：8

唐代

高 5.4、口径 8.4、腹径 10.4、底径 5.4 厘米

敛口，圆唇，弧鼓腹，饼足。白灰胎，涂白色
化妆土，施青釉，口部刮釉，有芒，有蜡泪痕
和铁质斑点。内壁施满釉，外壁下腹露胎。

223 | **青釉碗**

‖ J3：13

唐代

高 6、口径 14.4、底径 6.4 厘米

微敛口，圆唇，深弧腹，玉璧形底。灰
胎紧致，施青釉，釉色碧青光润，有冰
裂纹，足心亦施釉。浙江越窑烧造。

225 | **黑釉钵**

‖ T2③ : 5

唐代
高 7.5、口径 11.5、腹径 13.2、底径 7 厘米

敛口，圆卷唇，鼓腹，饼足。白灰胎，施黑釉，有窑变斑点，唇内侧刮釉，有芒，有蜡泪痕和窑粘，下腹露胎。

226 | **白釉香炉**

‖ M1497 : 1

唐代
高 6、口径 5.2、腹径 9.5、底径 4.2 厘米

圆卷唇，矮领，扁圆腹，平底，下承三矮足。白灰胎，涂白色化妆土，施白釉，釉色泛青，有蜡泪痕和窑粘，底部露胎。

227 **青釉盒**

唐代
通高 10.8、盖口径 16.8、腹径 16.8 厘米

盒呈扁圆形，盖与盒身以子母口相扣合。盖面隆起，盖缘饰一周凹弦纹。盒身子口，圆唇，深折腹，饼足。灰胎坚致，施青釉，釉色碧青光润，子母口及足底露胎，呈橘红色。浙江越窑烧造。

228 | **黄釉瓷枕**

Ⅳ M4：2

唐代

高 9.6、长 18.6、宽 10.8 厘米

枕为圆角长方形，枕面较平，一侧面微内弧，平底，中空。细白胎，施黄釉。

229 彩绘陶壶

唐代
高 32.5、口径 14、腹径 25.8、底径 12 厘米

敞口，束颈，圆肩，鼓腹，小平底。壶身涂白衣，以黑色彩绘、红色填充，颈下饰一周红彩，肩部饰双重覆莲纹，腹部饰黑底圆心条带纹，下腹饰双重仰莲纹。

230 彩绘陶盖瓶

ⅡM1446：3、ⅡM1446：4

唐代

ⅡM1446：3　通高 22.8、口径 7.2、腹径 12、底径 8.4 厘米
ⅡM1446：4　通高 24.4、口径 7、腹径 12.4、底径 9 厘米

两件。盖与瓶身以子母口相扣合。盖呈帽形，子口，盖面微隆，桃形纽。瓶敛口，圆肩，有穿孔，长鼓腹，腹部最大径偏上，饼形底座。器表涂白衣，以黑色彩绘，盖饰双重覆莲纹，肩腹部饰覆莲纹与卷云纹，下腹部饰双重仰莲纹；肩部饰红色条带纹。

ⅡM1446：3

ⅡM1446：4

231 | 彩绘陶塔式罐

Ⅳ M47：3

唐代

通高 49.7、口径 16.2、腹径 34、底径 35 厘米

由盖、罐、座组合而成，盖与罐身以子母口相扣合。盖子口内敛，伞状盖面，宝珠形纽。罐侈口，圆卷唇，矮领，鼓腹，平底，喇叭形底座。器表涂白衣，盖以黑彩绘草叶纹；罐以红、黑彩绘如意云纹、开光海棠花纹、双重仰莲纹；座绘海棠纹，装饰华丽，艺术性强。

| **彩绘陶塔式罐**
‖ M1023：1

唐代
通高 44、口径 15、腹径 27.6、
底径 33.6 厘米

由盖、罐、座组合而成，盖与罐身以子母口相扣
合。盖子口内敛，盖面隆起，宝珠形纽。罐侈
口、圆唇、圆肩、鼓腹、平底，喇叭形底座。器
表涂白衣，以黑色彩绘，盖饰覆莲纹，肩部饰
双重覆莲纹，腹部饰卷云纹，下腹部饰仰莲纹，
座饰双重覆莲纹；颈、腹、座饰红色条带纹。

233 灰陶盘口壶

Ⅱ M1887：1

唐代
高 21.7、口径 7.7、腹径 12、底径 7.5 厘米

盘口，圆唇，细颈，溜肩，卵形腹，平底。
上腹部饰重菱纹。

234 灰陶壶

Ⅱ H26：1

唐代
高 17.6、口径 6.5、腹径 12.8、底径 7 厘米

泥质灰陶，素面。重唇口，细短颈，鼓肩，
卵形腹，平底，有旋削痕。

235 | 灰陶贴花盖罐

Ⅳ M5：1

唐代
通高 22.8、口径 9.6、腹径 24、底径 18
厘米

细泥灰陶。盖与罐身以子母口相扣合。
盖子口，盖面隆起，宝珠形纽。罐敛口，
扁圆腹，圜底，亚腰形底座。肩腹部塑
贴两周小花朵纹。

236 | 灰陶塔式罐

IV M38：1

唐代

通高 79、盖口径 14.4、罐腹径 27.4、
座底径 26.8 厘米

由盖、罐、座组合而成，盖与罐身以子
母口相扣合。盖子口，呈高帽形，平
沿，宝珠形纽。罐侈口，圆唇，鼓腹，
下腹斜收，小平底。罐形座身，覆盆
形底座，座身腹部饰"∞"字形镂孔，
连接处和底座腹部饰门形镂孔，镂孔
外饰白色涂边。

237 | 铜单耳罐

Ⅱ M1887：2

唐代
高7、口径5.8、腹径7.8、
底径5.4厘米

侈口，尖圆唇，矮领，圆腹，
平底。上腹部一侧附贴环状
器耳，耳两端为花状饰件。

238 | 铜带铐

Ⅱ M1578：3、Ⅱ M1578：5～15

唐代

带扣　Ⅱ M1578：13　长 9.4、宽 4～6.2、厚 0.7～0.9 厘米

带铐　Ⅱ M1578：5～12、14、15　长 4.4、宽 4.2～4.3、厚 0.9～1 厘米

铊尾　Ⅱ M1578：3　长 8.2、宽 4.5、厚 0.5～0.9 厘米

共 12 件，由带扣、带铐和铊尾组成。体正面边沿均向下弯折，背面呈薄片形，以 4～5 个铜铆钉铆合。带扣 1 件，扣身近似长方形，一端弧圆，另一端与椭圆环形扣首相连，中间有亚腰形扣舌。素面。带铐 10 件，均呈方形，铐面浮雕行走的瑞兽，兽首高昂，咧嘴，兽尾高翘，凶猛威武，其中 6 件向右走，4 件向左走。瑞兽下方有长方形古眼，Ⅱ M1578:9 古眼上沿为曲边形。铊尾 1 件，略呈圭形，铊面浮雕行走的瑞兽。

Ⅱ M 1578：9

Ⅱ M 1578：5

Ⅱ M 1578：11

Ⅱ M 1578：12

Ⅱ M 1578：3

Ⅱ M 1578：6

Ⅱ M 1578：7

II M 1578：14   II M 1578：15   II M 1578：13

II M 1578：8   II M 1578：10

239 | **赌具铜盒**

ⅡM844：11

唐代

通高 5.3、边长 5.3 厘米

方形，盖与盒身以子母口相扣合。盖面呈盝顶
形，一侧有两个圆孔。盒身为子口，直腹，三侧
各有两个小孔，平底。内置铜扳指 1 件、铜铃 2
件、法形器 1 件、骨骰子 3 粒、铜钱 1 枚。

240 | **铜镊子**
Ⅱ M191：2、Ⅳ M50：1、
Ⅳ M36：14 、Ⅱ M807：11

唐代
Ⅱ M191：2 长 13 厘米
Ⅳ M50：1 长 11 厘米
Ⅳ M36：14 长 9.5 厘米
Ⅱ M807：11 长 8.3 厘米

四件。

ⅡM191:2
镊身开叉，镊首斜
向对折，方形镊柄，
尾端呈小勺形，柄
饰三周凸箍。

ⅣM50:1
镊身开叉，镊首斜
向对折，方形镊柄，
尾端呈小勺形，柄
饰数周凹弦纹。

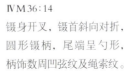

ⅣM36:14
镊身开叉，镊首斜向对折，
圆形镊柄，尾端呈勺形，
柄饰数周凹弦纹及绳索纹。

ⅡM807:11
为扁条形铜片对折
而成，镊首斜向对
折，镊尾系圆环。

241 | 禽兽博局纹镜

Ⅱ M1450：4

唐代

直径 16.7 厘米

圆形。圆纽，柿蒂纹纽座。纽座外单、双凸弦纹方框内，饰十二枚
带座小乳钉间隔逆向折绕的篆体十二地支文字。框外在博局纹和
八枚带座乳钉划分的八方八极内分别配置青龙、白虎、朱雀及其他
禽鸟。其外环列铭文"尚方作竟（镜）真大巧上有山人不知老泪流
行"，首尾字间隔一小点，近缘处饰一周栉齿纹。镜缘饰两周锯齿纹
夹双线波纹，高棱缘。

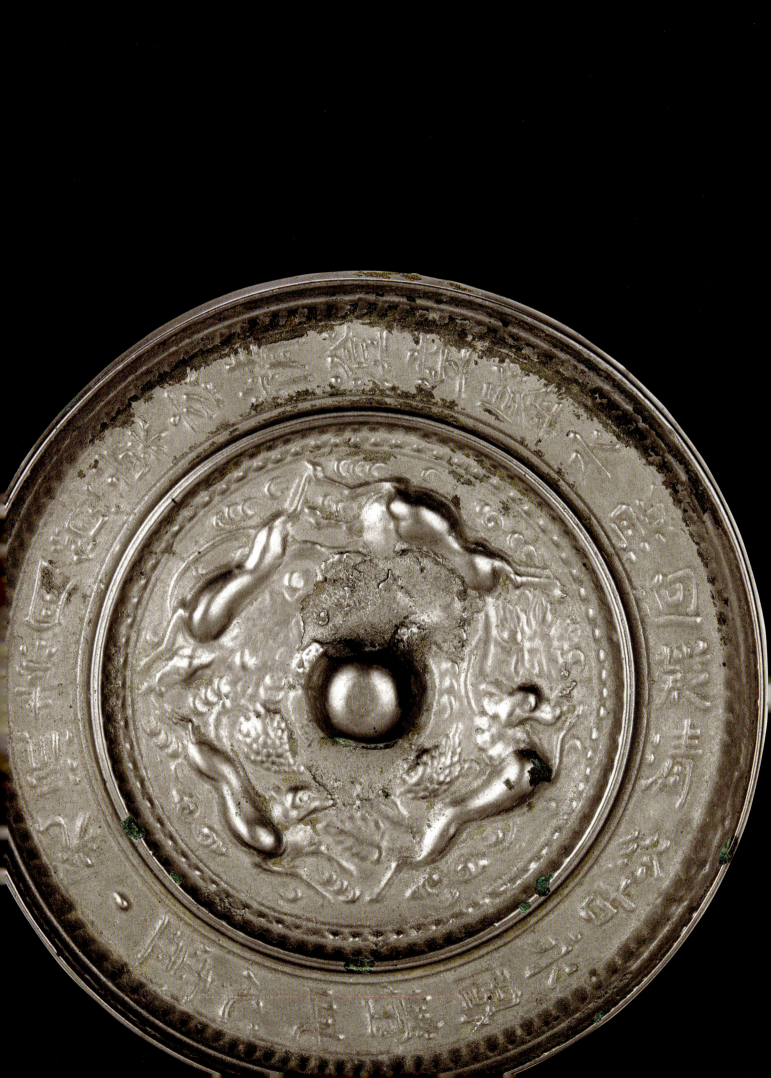

242 海兽葡萄铭文镜
Ⅱ M472：3

唐代

直径 10 厘米

圆形，圆纽，圆纽座。一周凸棱将镜背分为内外区，内区浮雕四只瑞兽绕纽奔驰，瑞兽脚踩卷云纹，背饰两串葡萄纹，其间分饰花叶纹及花蕊纹。外区环列楷体铭文"光流素月，质禀玄精，澄空鉴水，照回凝清，终古永固，莹此心灵"，铭文外饰一周锯齿纹。高棱缘。

243 海兽葡萄镜

IV M36：9

唐代

直径 10.4 厘米

圆形，伏兽纽。一周凸棱将镜背分为内外区，
内区绕纽浮雕四只首尾相接匍匐攀爬的瑞兽，
外区葡萄缠枝跨过凸棱垂挂在瑞兽间。内外区
共 26 串葡萄，外区葡萄和叶蔓间饰八只姿态各
异的飞鸟。缘内密布一周云头状小花。

244 **海兽葡萄镜**

‖ M213：1

唐代

直径 11.8 厘米

圆形，伏兽纽。一周凸棱将镜背分为内外区，内区绕
纽浮雕四只首尾相接的瑞兽，瑞兽作昂首腾跃状，其
间对饰立鸟和飞鸟；外区浮雕缠枝葡萄纹，葡萄和叶
蔓跨过凸棱垂挂在瑞兽间。内外区计 36 串葡萄，枝
蔓间饰 10 只姿态各异的飞鸟和五只展翅飞舞的蜻蜓
及蝴蝶。花叶纹缘。

245 | 缠枝葡萄镜

Ⅱ M179：1

唐代
直径 9.2 厘米

圆形，圆纽，葵花形纽座。一周凸棱将
镜背分为内外区，内区环饰五串缠枝葡
萄，外区饰葡萄枝蔓。三角棱缘。

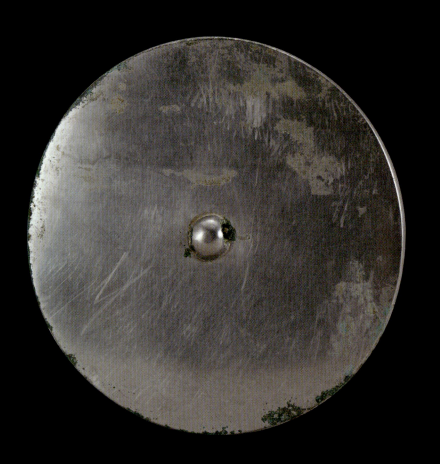

246 | 素面镜

Ⅱ M1576：1

唐代
直径 13.3 厘米

圆形，圆纽。镜背素面，呈
银白色，表面抛光度极好。

247 | 弦纹镜

Ⅱ M1884：1

唐代
直径 8.2 厘米

圆形，圆纽。镜背缓起两周凸棱
形成圆周凹面，表面抛光度极
好。窄棱缘。

248 | 云龙纹镜

Ⅳ M37：1

唐代
直径 19.3 厘米

八出葵花形，圆组。主体纹饰为一条环绕镜组腾云驾雾的巨龙。巨龙身形矫健，拧身转头作吞珠（镜组）状，身上龙鳞片片，龙鳞、龙爪等细部刻画精细生动，气势威严。周围祥云环绕。外区葵花形缘内饰鸟雀折枝花、蝴蝶折枝花、蜻蜓折枝花纹八组，折枝花均为双叶双苞。窄素缘。

249 菱花形花鸟镜

ⅡM670：5

唐代
直径 10.2 厘米

八出菱花形，圆纽。一周凸棱内对称浮雕合翅站立的两只鸳鸯和两只雀鸟，四鸟之间隔以双叶双苞的折枝花。外区菱花缘内相间环饰朵云与折枝花。窄素缘。

265

唐
代

250 菱花形月宫镜

Ⅱ M807：12

唐代
直径 14.4 厘米

八出菱花形，一周凸棱内饰一株枝叶茂盛的桂树，树干中虬曲凸起作为镜纽。左侧为玉兔捣药，双耳竖起，两前肢执杵在一石臼中捣药，下有一跳跃的蟾蜍；右侧站立着嫦娥，头梳角髻，衣袂飘扬。外区菱花缘内各饰一朵祥云飘动。窄素缘。

251 **双鸾莲花镜**

‖ M160：1

唐代

直径 19.7 厘米

八出葵花形，圆纽。凸棱内以纽为中心对饰浅浮雕鸾鸟
和莲花。双鸾相对，振翅站立，颈系绶带，双足踏于云
头上。纽上方的莲叶托举莲蓬，纽下方的莲叶托举一朵
盛开的莲花。外区葵瓣内相间环列着展翅飞翔的长尾鸟
和短尾鸟。窄素缘。

252 双鸾莲花镜

‖ M675：4

唐代

边长 11.3 厘米

正方形，圆纽。纽两侧对饰展翅翱翔的鸾鸟，
鸾鸟上方各有一朵团花。宽素平缘。

253 | 团花镜

Ⅱ M2562：1

唐代
直径 14.2 厘米

六出葵花形，圆纽。绕纽环饰六朵团花，其中三朵为
莲花，呈六瓣形，另一种团花亦呈六瓣状，花瓣边缘
非常明显，均以小圆点表示花蕊。窄素缘。

254 | 团花镜

‖ M947∶2

唐代
直径 20.9 厘米

八出葵花形，圆钮，葵花形钮座。四朵六瓣莲花和四朵
旋转式叶片组成的似含苞待放的花朵绕钮相间环列。窄
素缘。

255 | 花枝纹镜

‖ M1016：8

唐代
直径 24.3 厘米

八出葵口形，圆纽，莲瓣纽座。枝蔓相连的花
卉环绕于纽周，并布满整个镜背，纽上的一朵
大花两侧各饰一蜜蜂，对向飞舞。窄素缘。

256 | 大串枝花纹镜

Ⅱ M1029：1

唐代
直径 21.6 厘米

八出葵口形，圆纽，圆纽座。纽座外两种不同形状的花
蕾相间环绕，以联珠纹凸棱为界，外区饰两种不同品种
的大花枝，一种花叶为椭圆形，另一种呈锯齿状，花枝
形态各异。窄素缘。

273

唐
代

"卍"字铭文镜

‖ M1661：4

唐代
边长 12.1 厘米

圆角方形，圆纽。以纽为中心，以双凸弦纹形
成"卍"字，字间顺向环饰铭文"太平万岁"。
宽素平缘。

258 八卦纹镜

‖ M1129：3

唐代
边长 15.6 厘米

圆角方形，圆纽。八卦符号环饰
于纽周。宽素平缘。

259 侍女图
‖ M4

唐代
高 110、宽 156 厘米

位于墓室北壁中部，绘有仿
木构建筑及侍女等。仿木构
建筑均以赭红设色，木门淡
赭色。门额上方以黑色勾勒
出三重莲花纹饰的帷幔，其
下两侧各系一花结。门两侧
各绘一侍女像，二人半侧身
相对，面部圆润，盘梳髻发，
髻前插梳。左侧侍女着浅色
圆领长袍，双手拱于胸前，
似持有物品，身旁置一灯架。
右侧侍女较丰满，双目侧视
前方，腮部施淡红脂粉，小
嘴红唇，身穿暗红色圆领长
袍，两侧开气，脚着白色尖
头鞋，手捧小盏，神态恭顺。

辽代

公元 916 至公元 1125 年

260 白釉执壶
| M41：16

辽代
高 20、口径 6.2、腹径 10.5、底径 6.4 厘米

侈口，圆唇，细长颈，溜肩，弧鼓腹，短直流，
颈肩之间附宽泥条执柄，圈足外撇。白灰胎，涂
白色化妆土，施透明釉，釉色泛黄，釉不及底，
有蜡泪痕和铁质斑点，底心有脐状旋痕。

261 | 白釉执壶

I M47：4

辽代
高 16、口径 4.8、腹径 10.4、底径 6.2 厘米

直口，圆唇，粗颈外撇，圆肩，鼓腹，短直流，颈
肩之间附宽泥条状执柄，圈足外撇。白灰胎，涂白
色化妆土，施透明釉，釉色泛黄，釉不及底，有蜡
泪痕，底心有脐状旋痕。

白釉褐花盘口瓶

Ⅰ M37：1

辽代
高 29.1、口径 10.8、腹径 14、
底径 7.4 厘米

立壁式盘口，细长颈，圆肩，
长鼓腹，卧足外撇。白灰胎，涂
白色化妆土，施透明釉，釉不
及底。肩部饰三周凹弦纹，上以
褐彩绘折枝花，为釉下彩。

263 白釉褐花执壶

| M39：3

辽代

高 20.2、口径 5.4、腹径 16.4、底径 8 厘米

直口微侈，圆唇，细长颈，鼓肩，球形腹，圈
足外撇，短直流，颈肩之间附泥条执柄。白灰
胎，涂白色化妆土，施透明釉，釉不及底。肩部
饰一周凹弦纹，肩、腹部以褐彩各绘折枝花，为
釉下彩。

盛乐遗珍
内蒙古和林格尔土城子古城遗址出土文物精品

264 **黑釉执壶**

Ⅰ M40：5

辽代

高 16、口径 4、腹径 12.2、底径 6.4 厘米

直口微侈，圆唇，细长颈，圆肩，鼓腹，圈足
外撇，短直流，颈肩之间附宽泥条状执柄。白灰
胎，涂白色化妆土，施黑釉，釉色温润，釉不
及底，有蜡泪痕和窑粘。

265 白釉碗

| M47：1

辽代
高 4.2、口径 12.8、底径 4.6 厘米

敞口，斜折沿，弧腹，圈足。白灰胎，
涂白色化妆土，施白釉，内壁施满釉，
外壁施釉不及底，有蜡泪痕。

266 白釉花口碗

| M57：4

辽代
高 6.8、口径 20、底径 7.8 厘米

花式口，圆唇，斜腹，圈足。白胎，涂
白色化妆土，施白釉，内壁施满釉，外
壁施釉不及底，内底有三个支钉痕。

267 白釉碗

I M57∶5

辽代
高 3.8、口径 18.8、底径 7.2 厘米

敞口，圆唇，浅腹，圈足，形制不甚规整。
白灰胎，涂白色化妆土，施白釉，内壁施满
釉，外壁施釉不及底，内底有使用磨痕。

268 白釉碗

I M57∶8

辽代
高 4.5、口径 13、底径 5.2 厘米

敞口，圆卷唇，斜弧腹，圈足。白灰胎，涂白色
化妆土，施白釉，内壁施满釉，外壁施釉不及
底，釉色温润，有蜡泪痕。底心有脐状旋痕，内
底有三个支钉痕。

269 | 白釉温碗

| M57：19

辽代
高 7、口径 17.4、底径 8.8 厘米

敞口，方唇，深弧腹，矮圈足。白灰胎，涂白色化妆土，施白釉，内壁施满釉，外壁施釉至沿下，有蜡泪痕。腹部饰数周凹弦纹，底心有脐状旋痕，内底有涩圈。

270 | 彩绘陶塔式罐

| M41：21

辽代
通高 72.6、顶腹径 15、小罐腹径 21.6、大罐腹径 27.6、座底径 30.2 厘米

自上而下由顶、小罐、大罐及座四部分组成。连体盖罐顶，盖面微隆，宝顶形组；罐为鼓腹，腹部镂有三组十字形孔，孔间以红彩绘蕨纹。小罐为浅盘口，鼓腹，平底。器身以红黑彩绘蕨纹四朵，蕨纹间以黑彩绘人面图。大罐为侈口，圆唇，鼓腹，平底。口沿饰缺口，肩部饰三乳突，乳突呈十字形花瓣状，器身以红黑彩绘蕨纹四朵。覆盆形座，斜腹，宽平沿，无底。腹部塑五个窗棂，窗棂之间以红黑彩绘蕨纹四朵。

271 灰陶塔式罐

| M51：2

辽代

通高 63、塔顶沿径 22.8、罐腹径 23.2、座底径 30 厘米

由顶、罐及座三部分组成。顶呈宝塔形，子口，沿上翘，宝珠形顶，以瓦棱纹为塔身，下腹微鼓有镂孔，器内中空。罐为侈口，鼓腹，平底，倒置于座上。覆盆形座，斜腹内曲，平底。腹饰四组几何形镂孔。

272 灰陶塔式罐

| M57：16

辽代
通高 76.8 厘米
顶高 37.2、口径 11.4、底径 26.4 厘米
罐高 31.4、腹径 21.6 厘米
座高 18.5、上径 27.6、底径 35 厘米

由顶、罐及座三部分组成。顶为一镂孔
盖座，盖上腹为筒形，饰竖条形镂孔和
凸起，下腹为覆盆形，与底座相同。罐
为侈口、弧鼓腹，平底，置于座底圆形
口内，肩部饰四组兽面形乳状凸起。覆
盆形座，斜腹，平底出沿。上沿边饰锯
齿状缺口，腹部饰四组兽面纹乳状凸起，
每组两个，下有两个镂孔，每组间夹窗
棂纹与一兽面形乳状凸起。

273 | 灰陶壶

Ⅰ M46：3

辽代
高 28、口径 12.8、腹径 19.8、底径 12.6
厘米

敞口，平沿，内缘起棱，束颈，溜肩，
鼓腹，平底内凹。器表饰宽带状压印网
格纹。

274　灰陶细颈壶

‖ M1722∶2

辽代
高 25、口径 7.8、腹径 14、底径 9.1 厘米

盘口，圆唇，细长弧颈，溜肩，鼓腹，平底
内凹。器表饰宽带状压印几何纹。

275 灰陶高领罐

| M39∶6

辽代
高 34.8、口径 22.8、腹径 33、底径 20.6 厘米

敞口，平折沿，内缘起棱，高领，鼓腹，平底
内凹。器表饰宽带状篦点纹。

276 | **灰陶罍**

Ⅰ M35∶3

辽代

高 25.4、口径 19.5、腹径 34、底径 15.5 厘米

敛口，宽平唇，折肩，深弧腹，平底内凹。肩部
饰网格纹，腹部饰压印篦点纹。

277 银手镯

I M41：1、I M41：2

辽代

外长径 7.8、外短径 5.6、宽 0.6～1.7 厘米

两件。椭圆形，镯体宽扁，中间略宽于两端，最窄处有缺口，外缘起棱。镯面饰浮雕缠枝牡丹花纹。

I M41：1

I M41：2

278 鎏金铜带銙

I M41：3～7

辽代

带銙 I M41：3～6　长 4.8、宽 4.4、厚 0.7 厘米

铊尾 I M41：7　长 6.5、宽 4.2、厚 1 厘米

五件。鎏金，由带銙和铊尾组成。带銙为长方形，下片残缺，残留有铆钉痕迹。銙面饰浮雕花草蜜蜂纹、卷草纹，古眼上缘为曲边形。铊尾略呈圭形，背面为片状，以五枚铆钉铆合。铊面饰浮雕戏珠龙纹。

296

I M41：3

I M41：4

I M41：5

Ⅰ M41：10

Ⅰ M41：11

Ⅰ M41：12

279 | 铜钗

Ⅰ M41：10、Ⅰ M41：11、Ⅰ M41：12

辽代

Ⅰ M41：10　长 13.1 厘米

Ⅰ M41：11　长 14.1 厘米

Ⅰ M41：12　长 14.1 厘米

三件。为铜丝对折而成，两端有尖，截面呈圆形。

Ⅰ M41：6

Ⅰ M41：7

盛乐遗珍

内蒙古和林格尔土城子古城遗址出土文物精品

280 | 宴饮图
| M57

辽代
高 90、宽 96 厘米

位于墓室西北壁，砖砌
仿木建筑轮廓，施以橙
色。主图为墓主人夫妇正
坐像，二人均盘膝坐于椅
上，双手置于胸前，手捧
荷叶形浅托，上置白色小
盏，身旁分别立有男女侍
者。男主人头戴黑色翘脚
幞头，着圆领窄袖蓝袍，
足白靴，阔脸丰润，蓄八
字胡，表情庄重。女主人
坐左侧长椅上，身着淡蓝
色圆领长裙和带淡赭襕边
的襦衫，外着紫色花格窄
袖短外套，高髻插梳，面
目清秀，柳眉细眼。墓主
人上方斗拱间依次绘猴、
羊、马的兽首人身生肖图。

281 黑陶花口瓶

Ⅲ F1：8

元代

通高 24.4、口径 9.1、腹径 12、底径 10 厘米

细泥黑陶。花式口，束颈，丰肩，弧腹，下腹瘦长，花式座，平底，有旋削痕。磨光，肩部饰一周凸弦纹。

282 白釉罐

Ⅲ H40：1

元代

高 9.8、口径 5.7、腹径 7.6、底径 4.2 厘米

高直领，口微侈，方唇，直腹微弧，圈足略外撇，下腹可见旋削痕，颈肩之间对称附贴双耳。灰白色粗胎，涂白色化妆土，施白釉，釉色泛青，有蜡泪痕和铁质斑点。

283 | 白釉褐彩罐

ⅢF3：2

元代
高 11.6、口径 12、腹径 15.2、底径 8 厘米

直口，折唇，矮领，鼓腹，下腹弧收，圈足，足内
可见旋削痕，颈肩之间对称附贴双系。淡黄色粗胎，
内壁施满釉，外壁涂白色化妆土，施白釉，釉色泛
黄，有蜡泪痕，下腹露胎。双系涂褐彩，肩、腹部各
饰两周褐色弦纹，皆为釉下彩。

284 白釉盘

‖ H58 : 16

元代
高 4.1、口径 18.2、底径 5.8 厘米

敞口，尖圆唇，浅弧腹，圈足，足底有旋削
痕，脐底。白黄胎较粗，涂白色化妆土，施白
釉，内壁施满釉，外壁施半釉，有蜡泪痕和铁
质斑点。内壁饰一周凹弦纹，内底有涩圈。

元代

通高 15、口径 1、腹径 4.6、底径 3.4 厘米

小口，细长颈，颈中部有覆钵式相轮，弧肩，鼓腹，喇叭形器座外撇。器肩一侧铸弯流，流上有扣形盖，以铁轴衔接。颈上部饰两周凸弦纹，肩、流部各饰一周凸弦纹。

286 铜簪

⫼ H61：52

元代
长 15.5 厘米

扁平体。一端作弯曲状，首为片状；簪身由上
至下渐细，尖部圆钝。

287 铜簪

⫼ H61：33

元代
长 14 厘米

扁平体。弧形柄，柄端渐细，尖部圆钝，
另一端作一小匙，呈圆形。

盛乐遗珍

内蒙古和林格尔土城子古城遗址
出土文物精品

后 记

内蒙古和林格尔土城子古城遗址经过大规模的考古调查和发掘，出土了陶瓷器、铜器、铁器、玉器、石器、骨器、铜钱等各类器物。本图录精心选取了从春秋战国到元代不同历史时期的代表性文物共287件（套），按照时代序列进行阐释与解读，重点揭示和林格尔土城子古城遗址的重要文化价值。

在图录即将付梓之际，首先要向在和林格尔土城子古城遗址考古发掘工作中付出艰苦努力、洒下辛勤汗水的文物工作者表示深深的敬意，特别是要感谢和林格尔县人民政府、盛乐经济园区管委会、和林格尔县文化旅游体育局多年来对和林格尔土城子古城遗址考古发掘工作给予的大力支持与鼎力相助。本图录的基本框架由陈永志拟定，李强、郑淑敏、包桂红、伊特歌乐、刘刚、闫安、朱家龙、乔金贵、霍志国、郝晓菲、蔺媛等同志进行了文物甄选、资料整理与撰写工作，青铜铍的铭文由方琦先生译读，书稿由陈永志做最终审定。本图录的编写难免存在的不足与错误之处，敬请读者批评指正。

编 者

2021年1月1日